墨香会计学术文库

U0674541

企业费用黏性影响因素研究

Study on the Influence Factors of Enterprise Cost Stickiness

赵振洋 著

东北财经大学出版社
Dongbei University of Finance & Economics Press
大 连

图书在版编目（CIP）数据

企业费用黏性影响因素研究 / 赵振洋著. —大连：东北财经大学出版社，2019.7

（墨香会计学术文库）

ISBN 978-7-5654-3522-5

Ⅰ．企…　Ⅱ．赵…　Ⅲ．股权管理-研究　Ⅳ．F271.2

中国版本图书馆 CIP 数据核字（2019）第 087092 号

东北财经大学出版社出版

（大连市黑石礁尖山街217号　邮政编码　116025）

网　　址：http：//www.dufep.cn

读者信箱：dufep@dufe.edu.cn

大连永盛印业有限公司印刷　　东北财经大学出版社发行

幅面尺寸：170mm×240mm　字数：143千字　印张：7.75　插页：1

2019年7月第1版　　　　　　2019年7月第1次印刷

责任编辑：王　莹　周　慧　　　　　责任校对：冯志慧

封面设计：冀贵收　　　　　　　　　版式设计：钟福建

定价：38.00元

教学支持　售后服务　　联系电话：（0411）84710309

版权所有　侵权必究　　举报电话：（0411）84710523

如有印装质量问题，请联系营销部：（0411）84710711

前　言

　　我国加入 WTO 已有近20年之久，这一阶段我国企业逐渐开始参与到整个国际经济市场的核心竞争中，企业外部竞争日益激烈化、残酷化和全程化。这些竞争涵盖了企业"生产—销售—配送—售后服务"的全过程，企业管理者的成本管理受到前所未有的压力，管理者们必须努力寻求企业日常经营活动过程中降低每个环节成本的多种有效途径，成本费用管理已经成为企业在当今经济市场化和全球化下经营活动的重中之重。而成本管理的首要任务就是研究成本性态，传统管理会计认为不同性质的成本费用与企业业务量之间存在简单的线性相关关系，但是在企业实务中，企业的成本费用并不是完全随着业务量的变化而呈对称性变化的，有时企业的费用或成本与业务量存在非对称现象，学者们称为"费用黏性"。费用黏性的提出质疑了传统成本性态理论，也引起了学术界对费用黏性相关研究的高度关注。

　　本书主要研究企业费用黏性的影响因素，借鉴基于宏观经济政策与微观企业行为相互作用的研究框架，尝试分析了宏观货币政策对企业费用黏性的影响，分析地区要素市场化指数（主要指地区要素市场发育程度）对企业费用黏性的影响。将企业费用黏性的微观影响因素和宏观影响因素有机地结合在一起，使得企业费用黏性影响因素研究更加深层次化、系统化、全面化和多样化。本书对费用黏性影响因素的研究，一方面有助于丰富费用黏性相关理论，进一步完善现有的成本管理理论，有助于企业内部治理的优化，有助于满足我国企业成本费用有效管理的迫切需要；另一方面也有助于更好地满足债权人等利益相关者的投资决策需要，有助于深化我国经济的市场化改革，加快政府行政管理体制改革和职能转变，减少不必要的行政垄断和部门特权，健全和完善资源、劳动力等要素市场，消除阻碍资源、劳动力等自由流动的制度和规定，确保信息流通顺畅等，为提高资源配置效率提供指导。因此关于费用黏性影响因素的研究具有重要的理论意义和实践意义。

　　本书首先对传统成本性态理论、费用黏性的概念进行了界定，并介绍了费用黏性的特性，并着重介绍了代理问题、资源调整成本和管理层预期对费用黏性的影响，深入剖析了国际公认的企业费用黏性三大影响因素的作用机理。其次，本书详细介绍了以"宏观经济政策和微观企业行为互动关系"为基础的会计与财务研究框架，并在该研究框架的启发下，研究企业费用黏性的宏观影响因素和微观影响因素，弥补了以往企业费用黏性研究只关注微观因素、只从企业管理者角度出发的缺陷，并采用实证研究方法分别验证地区要素市场化指数对费用黏性的影响、宏观货币政策对费用黏性的影响。

全书共分为六章，各章主要研究内容如下：

第1章：序言。本章主要介绍传统成本性态理论和费用黏性，并阐述研究企业费用黏性的重要理论意义和现实作用。

第2章：费用黏性概述。本章首先界定了成本习性、费用黏性等相关概念，并介绍了费用黏性的特性。

第3章：费用黏性的影响因素与经济后果。本章首先介绍费用黏性的存在性、特性和差异性，对费用黏性的影响因素和经济后果进行归纳，并从资源调整成本、管理层预期和代理问题三个角度对企业费用黏性的影响因素进行总结，比较国内外企业费用黏性研究的相同点和不同点。

第4章：我国企业费用黏性影响因素的研究框架。本章详细介绍了姜国华和饶品贵（2011）首次提出的以"宏观经济政策和微观企业行为互动"为基础的会计与财务研究框架，包含宏观经济政策和微观企业行为互动关系以及两者之间的传导机制。该研究框架对费用黏性影响因素研究产生了两大启示，从而拓展了会计研究视角，为会计学术界提供了新的学术研究方向。将宏观经济政策与微观企业行为有机结合，能够发挥宏观货币政策的指引作用，有助于系统、全面地进行会计领域研究。

第5章：企业费用黏性的微观影响因素研究。目前国内外企业费用黏性研究往往只从企业管理者角度出发，关注企业费用黏性的微观影响因素，选择从管理层预期和代理问题这大大角度研究企业费用黏性的影响因素。由于管理者自利性动机对费用黏性的影响是学术界普遍认可的，因此本章主要研究代理问题导致的管理层自利对企业费用黏性的影响，以及管理层乐观预期和悲观预期对企业费用黏性的影响。采用公司自由现金流量和高管固定性薪酬比例来度量管理者的自利动机，实证结果显示，我国制造业上市公司销管费用存在黏性特征，我国制造业上市公司自由现金流量与企业费用黏性显著正相关，高管固定性薪酬与企业费用黏性显著负相关。

第6章：企业费用黏性的宏观影响因素研究。基于框架对宏观货币政策与费用黏性研究。在借鉴研究框架分析模式的基础上，本章主要研究宏观货币政策对企业费用黏性的影响。将经济学的宏观货币政策研究和财务会计学的费用黏性研究进行交叉，不仅用资源的调整成本理论和代理问题解释费用黏性的变化，同时也分析了宏观货币政策对企业费用黏性变化的影响。在阐述关于宏观货币政策对微观企业行为影响的研究成果的基础上，结合代理问题对费用黏性的影响与资源调整成本对费用黏性的影响，以及宏观货币政策传导机制的作用，从微观层面分析宏观货币政策对费用黏性的影响。本章还对两条平行路径进行分析，两条平行路径最终都导致宏观货币政策对企业费用黏性产生相同的影响。本章选取

2007—2014年沪深A股非金融类上市公司的季度财务数据为样本研究对象,实证结果显示,宏观货币政策和费用黏性水平显著正相关,控制变量资本密集度和劳动密集度也与企业费用黏性显著相关。基于框架对市场化指数与费用黏性研究。在饶品贵和姜国华(2011)提出的以"宏观经济政策与微观企业行为互动"为基础的研究框架的启发下,在借鉴研究框架的分析视角的基础上,本章主要研究市场化指数(主要是指地区要素市场发育程度)对企业费用黏性的影响。通过"宏观经济政策—地区要素市场化指数—资源调整成本—费用黏性"这一研究思路模式,将经济学的市场化指数研究和财务会计学的费用黏性研究进行交叉,不仅用资源的调整成本理论(Adjustment Costs)解释费用黏性的变化,同时也分析了受宏观经济政策影响的地区要素市场发育水平对企业费用黏性变化的影响。本书选取2001—2006年度沪深A股非金融类上市公司的财务数据为样本研究对象,地区要素市场化指数主要选取樊纲和王小鲁(2011)公布的地区要素市场发育程度指数,实证检验结果显示,上市公司注册所在地要素市场化程度与企业费用黏性显著负相关,地区要素市场化指数越高,公司的费用黏性越弱;相反地,地区要素市场化指数越低,公司的费用黏性越强,同时还发现,地区要素市场发育程度对管理费用黏性的影响比对销售费用黏性的影响更加显著。

作　者

2019年6月

目 录

1 序　言

　　我国加入WTO已有近20年之久，这一阶段我国企业逐渐开始参与到包括西方发达国家企业在内的整个国际经济市场的核心竞争中。我国企业一方面依旧要面临国内同行业或相关行业的竞争，一方面还要面临国际市场同行业或相关行业的竞争，这些竞争涵盖了企业"生产—销售—配送—售后服务"的全过程，随着企业外部竞争的日益激烈化、残酷化和全程化，企业管理者的成本管理承受到前所未有的压力。企业股东们和债权人等企业利益相关者们越来越关注企业成本费用的管理和控制状况，管理者们必须努力寻求企业日常经营活动过程中降低每个环节成本的多种有效途径，成本费用管理已经成为全世界所有公司关注的焦点，合理地管理和控制各个环节的成本费用才能更好地进行企业管理和经营决策，才能提高企业生产效率和资源的利用效率，提高企业盈利能力和核心竞争力，抢占市场份额，以获得更高的利润，最终实现企业的经营目标。

1.1　传统的成本性态理论

　　所谓成本，就是企业在生产经营过程中以货币表现的，为达到特定目的已经发生或可能发生的各种经济资源的耗费。管理会计认为管理会计服务于企业的内部管理，管理会计中可以按多种标志对成本进行分类，传统管理会计认为，不同的目的有不同的成本概念，但成本按其性态分类是其最基本的分类，是从事管理会计及各项活动中必不可少的一种分类。成本性态主要是描述成本总额与业务量之间的相关关系的理论，学术界有时也称之为"成本习性理论"，其成本性态模型的数学函数表达式一般为$y=a+bx$。在公式中，字母y代表成本总额，字母x代表业务量（产量或销量），字母a代表固定成本总额，字母b代表单位变动成本。固定成本总额的成本性态分析模型的数学函数表达为$y=a$。变动成本总额的成本性态分析模型的数学函数表达式为$y=bx$。

　　固定成本是指在一定条件下，其总额不随着业务量的变化发生任何数额变化的那部分成本。固定成本具有以下两个特点：一是固定成本总额（用a表示）的不变性，这一特点是其概念的再现，其成本性态模型为$y=a$；二是单位固定成本（用a/x表示）的反比例变动性。基于总额特征，单位产品负担的固定成本必然随着业务量的变动呈反比例变动。其单位成本性态模型为$y=a/x$。固定成本按其是否受管理层短期决策行为影响，可以进一步区分为约束性固定成本和酌量性固定成本两类。约束性固定成本又称经营能力成本，是指不受管理层短期决策行为的影响，不可以增减其数额的那部分固定成本。此类成本无论管理层是否干预都将发生，反映的是形成并维持企业最起码的生产经营能力所需支付的成本。酌量性固定成本又称选择性固定成本，是指受管理层短期决策行为的影响，可以在不同时期增减其数额的那部分固定成本。此类成本的高低取决于管理层的决策行为，依照管理层的实际需要和财务负担能力而定。对固定成本进一步分类的目的是寻求降低固定成本的正确途径。从约束性固定成本来看，由于此类固定成本是维持企业一定规模的生产能力所必需的成本，经营规模一旦形成，短期内不会轻易改变。因此，在实务中，对于此类固定成本，企业应在经营目标的指导下，充分挖掘生产潜力，有效利用现有的生产经营能力，通过提高产品产量相对降低这部分成本的单位固定成本，进而达到提升企业利润的目的。如果没有战略收缩意图，企业绝不能企图降低约束性固定成本总额，否则会由于生产能力的削减而影响企业的盈利与长期发展。从酌量性固定成本来看，由于此类固定成本受管理层决策行为影响，在不影响企业长期战略目标实现的前提下，可以改变其总额。因此，对于此类固定成本，降低成本的有效途径就是降低其总额支出，企业在编制预算时应认真决策、精打细算、厉行节约、避免浪费，在不影响生产经营的前提下，尽量减少酌量性固定成本支出总额。需要特别说明的是，酌量性固定成本并不是越低越好，因为此类成本虽然与产量变动无直接关系，但会间接影响产量与销量的变动，因此降低此类成本时一定要与企业的战略规划密切结合，只有在不影响战略目标实现的条件下，才能降低其数额。

变动成本又称可变成本，是指在一定条件下，其总额随业务量变化而呈正比例变化的那部分成本。以制造业企业为例，按照西方的观点，制造业中的直接材料、直接人工都属于变动成本，在制造费用与各项非生产成本中都存在与业务量呈正比例变化的变动成本。变动成本具有以下两个特点：一是单位变动成本（用 b 表示）的不变性，单位变动成本是生产单位产品所发生的变动成本，它不随业务量的变动而改变，是一个常量。其成本性态模型为 $y=b$。二是变动成本总额（用 bx 表示）的正比例变动性。这一特点是其概念的再现，由于单位变动成本属于一个常量，变动成本总额必然与业务量的变化呈正比例变动。其成本性态分析模型为 $y=bx$。变动成本按其产生的原因，可以进一步分为技术性变动成本和酌量性变动成本两类。技术性变动成本是指消耗量由技术因素决定的那部分变动成本，如生产一台汽车需要耗用一台引擎、一个底盘和若干轮胎等。酌量性变动成本是指受管理层决策影响的那部分变动成本，如支付的销售人员佣金、计件工资制下的计件单价等。对变动成本进一步分类是降低变动成本的正确途径，深入分析会发现，无论是技术性变动成本还是酌量性变动成本，都是针对成本的单位数额产生原因而言的，因此，降低变动成本时应降低产品的单位变动成本。对于技术性变动成本，企业应通过改进产品设计、工艺流程等手段实现技术革新与技术革命，进而降低其单耗；对于酌量性变动成本，管理层应密切关注市场动态，通过合理决策等手段降低单位变动成本。另外，从单位变动成本的成本项目组成来看，单位变动成本由单位直接材料、单位直接人工、单位变动制造费用、单位变动非生产成本项目所构成，因此，降低单位变动成本可以从提高材料的综合利用率、提高工时利用率、降低费用消耗、避免浪费等角度采取措施。

综上，传统成本性态模型认为，当企业处于某一业务量水平时，无论将来业务量上升或下降，只要变动数额相等，成本的变动幅度都是相同的。

1.2 企业费用黏性的提出

在企业实务中，企业的现实情况并不能完全满足这些假设。从长期和业务量的不断增长来看，所有不同性质的成本都有可能随时发生变化，固定成本和变动成本都不是一成不变的，所以，企业的成本费用和业务量的关系也并不像传统成本性态分析理论描述的那样呈简单的线性关系，随着实务的发展和科学研究的深入，越来越多的学者发现企业的成本费用并不是完全随着业务量的变化而呈对称性变化的。

这种不对称现象最早被发现于 1993 年，Rajiv D.Banker 和 Holly H.Johnston 在 The Accounting Review 发表文章 An Empirical Study of Cost Drivers in the U.S.Airline Industry，选取 28 家大型美国航空企业 1981—1985 年的季度财务数据为样本研究对象，发现成本费用的变化规律不符合传统的成本性态模型，随着销售收入变动方向的改变，企业的成本费用与销售收入并不是等比例同方向变化的，这是由于各大运营商在美国航空业过渡时期纷纷采取有效的管理策略，提高生产力和降低企业成本，甚至是增加市场份额所导致的，他们认为公司管理者经营决策的选择对成本费用有显著影响。D.S.Hamermesh 和 Gerard A.Pfann（1996）质疑了传统成本习性模型，提出调整成本的概念，对调整成本进行深入研究，对调整的"资源"也进行了深层次分析，论证了调整资源成本的存在性，最后还对影响调整成本的因素进行经验研究，为未来学者研究费用黏性的影响因素提供了佐证。随后，在 1997 年，E. Noreen 和 N. Soderstrom 发现医疗机构的成本费用变化规律与传统成本性态模型相悖离，在美国华盛顿的医疗机构内，医疗费用与业务量并不是简单的线性关系，甚至出现了平均医疗费用随着医院业务量的增加而降低的现象，他们认为，传统成本核算系统中成本的正比例变化模型，不利于企业的成本决策和公司的绩效评价。1998 年，R. Cooper 和 R. Kaplan 也研究发现了成本费用与销售收入并不是等比例变化的现象，这一研究成果否定了传统成本性态模型的线性关系理论，首次提出了"成本动因"（也叫成本驱动因素）理论，认为业务量只是众多成本驱动因素之一，成本是由包括客观驱动因素和主观人为驱动因素在内的多种因素共同作用的结果。公司管理层可以根据企业的销售情况，发挥主观能动性，选取适当的成本决策方案对成本费用进行调整，进而提出了作业成本法。虽然许多学者都发现了企业成本费用与业务量存在不等比例变化的现象，质疑了成本费用与业务量的线性关系，但都没有全面、系统地提出、阐述出现这种现象的原因。

直到 2003 年，Mark C.Anderson、Rajiv D.Banker 和 Surya N.Janakiraman（以下简称 ABJ）在 Journal of Accounting Research 发表了文章 Are Selling, General and Administrative Costs "Sticky"，他们推翻了传统成本性态模型，建立新的实证替代模型，并考虑了代理成本和资源调整成本等对模型的影响，从 Compustat 数据库选取 7 629 家美国样本企业近 20 年（1979—1998 年）的大样本年度财务数据，选择营业收入（Revenue）作为业务量的替代变量，并对其与"销售费用、一般费用和管理费用"（以下简称 SG&A）的变化趋势进行实证回归研究，得出结论：当销售收入每增加 1%，SG&A 随之增加约 0.55%，而当销售收入下降等额幅度时，SG&A 却仅仅减少约 0.35%，针对这种费用变化的非对称性，即费用随着销售收入下降而减少的幅度小于费用随着销售收入上升而增加的幅度，ABJ 首次称之为"费用黏性"（Cost Stickiness）。

费用黏性的发现质疑了传统成本性态理论，也引起了学术界对费用黏性相关研究的高度关注，越来越多的专家和学者开始逐渐对这一研究产生兴趣，他们在借鉴 ABJ 提出的研究模型的基础上，纷纷寻找和证实费用黏性现象的存在，验证其他成本类型、国家和行业企业是否也存在费用黏性，并简要分析了费用黏性的形成动因。Chandra Subramaniam 和 Marcia L.Weidenmier（2003）采用 ABJ（2003）模型，从 Compustat 数据库选取 22 年（1979—2000 年）的年度数据，对 SG&A、商品成本（简称 CGS）和两者之和的总费用（即 SG&A 与 CGS 相加）是否存在黏性进行验证，发现三者都表现出黏性行为，不仅证明 SG&A 存在费用黏性，而且还证明 CGS 和总费用都存在费用黏性，进一步扩大了费用黏性理论的研究范围。在证明美国企业存在费用黏性后，世界各地的学者们纷纷开始研究本国企业是否也存在费用黏性。Otavio Ribeiro de Medeiros 和 Patricia de Souza Costa（2004）选取巴西企业 18 年（1986—2003 年）的年度财务数据，研究发现，巴西企业也存在费用黏性现象，当销售收入增加 1% 时，企业成本费用增加 0.59%，而当销售收入降低等额幅度时，企业成本费用却只减少 0.32%，他们分析了巴西企业存在费用黏性的形成动因和重要性，认为对费用黏性的研究，有利于巴西成本会计的发展。我国学者也证实了企业费用黏性的存在性。孙铮和刘浩（2004）

的研究结果表明，我国企业也存在成本费用在业务量上升时的变化率大于成本费用在业务量下降时的变化率的现象，首次证明中国企业也存在费用黏性行为。

关于企业费用黏性的成因，ABJ初步解释了费用黏性产生的可能原因，费用黏性的出现和调整成本的不对称性有关，由于向下调整成本和向上调整成本的不对称性，即闲置资源向下（抑制或减缓）调整过程成本超过了向上（扩大或增加）调整过程的成本，企业就必须承担调整成本。以员工为例，调整成本包括员工被解雇时的遣散费用、新员工被录用时的培训费用，以及员工士气低落时所产生的组织成本等，这是成本费用黏性产生的重要因素之一；当公司高管关注的是自身绩效最大化，而不是股东权益最优化时，这种由代理问题产生的代理成本也是产生费用黏性的重要因素之一。

中外学术界后续对费用黏性的成因做了大量的研究，但总体归纳起来，主要有三类观点：

（1）有的文献用资源调整成本的成因来解释费用黏性。Kenneth Calleja、Michael Steliaros和Dylan C.Thomas（2005）的研究表明，美国、英国、法国和德国这四个国家企业的成本费用与业务量之间出现了非对称性变化现象，若收入增加1%，成本增加1.97%，若收入减少1%，成本则减少0.91%。他们对费用黏性现象进行了解释，在销售收入下降时，除了公司外部环境原因，管理者不削减成本的原因还有三个：管理者不确定收入会持续下降，需要获得更多的信息；公司不愿意承担调整成本，避免因为资源调整违背国家政策，损害公司的公众形象和对剩余员工工作士气的负面影响等；管理者个人利益的考虑，如管理者为避免动摇他们在公司的地位，不愿意解雇自己的同事、解散自己的部门等。

（2）有的文献用管理层预期的成因来解释费用黏性。Josep Maria Argiles Bosch和Josep Garcia Blandon（2007）在研究巴塞罗那区域农场时发现：由于农场受气候影响比较明显，且不可预知，调整资源变化的活动也频繁发生，管理人员的预期和成本决策也起着举足轻重的作用，因此，从理论上看，管理层预期也能解释农场存在成本费用黏性。实证结果也证实了这些假设，证明农场行业也是存在成本费用黏性的。

（3）有的文献用代理问题的成因来解释费用黏性。孔玉生、朱乃平和孔庆根（2007）在孙铮和刘浩对中国企业费用黏性研究的基础上发现：样本企业销售收入上升时成本费用的上涨幅度大于销售收入下降时成本费用的下跌幅度，我国企业存在费用与业务量的不对称性黏性现象。周泽将等（2009）对我国沪深A股中央样本企业七年的年度财务数据进行研究，实证结果表明，中央样本企业普遍存在费用黏性行为现象，并且国家的绩效制度改革能够有效地降低样本企业的费用黏性程度。万寿义和王红军（2010）从代理问题角度出发研究费用黏性的影响因素，选取制造业样本企业的年度财务数据，实证分析了高管自利行为与公司治理结构水平因素对费用黏性的作用，证实了代理问题是费用黏性的重要影响因素之一。

1.3 费用黏性的研究意义

我国股市经过20多年的发展，上市公司外部经营环境的市场化程度逐年增强，企业内部经营管理水平也在不断提高，股价也越来越真实地反映其市场价值。在企业经营市场化程度提高时，提升企业自身业绩是维持股价的最有效方法，而如何有效控制各项费用对企业业绩的提升有着举足轻重的作用，尤其当上市公司所处的行业竞争异常激烈时，如何提升对自身费用的控制能力就成为提高竞争力的迫切需要。然而，我国市场化改革和产权改革仍在继续，依然存在股市透明度不足、上市企业存在管理费用较高的现象，如2012年，我国近2 500家上市公司的业务招待费达137.98亿元，近11家企业的业务招待费过亿元；上市公司存在大股东通过增加公司费用来侵占小股东利益等现象。而2012年是我国经济的转型年，我国股市总体走势疲软，上市公司增加的费用与其降低的业绩形成鲜明对比，许多学者认为这是上市公司治理水平低下导致的，而本书认为费用"黏性"能够很好地解释这一现象。

本书统计了2010—2014年我国沪深A股上市公司的营业收入、净利润、销售费用和管理费用情况，见表1-1。

表1-1　　　我国沪深A股上市公司营业收入、净利润和费用情况　　金额单位：亿元

年　份	2010年	2011年	2012年	2013年	2014年
营业收入	183 927.7	227 028.5	247 025.8	270 780.3	292 640.0
销售费用	5 466.8	6 331.7	7 196.3	8 321.1	9 647.1
管理费用	1 559.4	2 041.3	2 829.0	2 934.8	3 195.8
净利润	18 381.7	20 881.7	21 036.3	24 159.8	26 283.0
两项费用合计	7 026.2	8 373.0	10 025.3	11 255.9	12 842.9
两项费用/营业收入	3.82%	3.69%	4.06%	4.16%	4.39%
两项费用/净利润	38.22%	40.10%	47.66%	46.59%	48.86%

从表1-1中我们可以看出，全部A股上市公司的营业收入、净利润、销售费用和管理费用都逐年增加，销售费用和管理费用之和占营业收入的比重较为稳定，始终保持在3.69%~4.39%，但净利润增速却赶不上营业收入和两项费用的增速，两项费用与净利润的比值明显逐年上升，从2010年的38.22%上升至

2014年的48.86%，体现出不少上市公司在增收不增利的同时，销售费用和管理费用在营业收入上升期间均呈现出一定比例上升的状态（即两项费用占营业收入的比重保持稳定）。但对于一些营业收入下降的公司来说，其两项费用下降的幅度却要小于营业收入上升时企业费用的上升幅度，呈现出不对称性，即存在费用黏性现象。正是由于上市公司的费用具有黏性，所以即使企业业绩下滑，其费用也很难同步压缩，因此，我国上市公司费用的变动幅度与其业绩变动的幅度是不对称的，而这一现象和费用黏性行为很一致，可以用费用黏性来解释上市公司这一费用和业绩变化不对称的现象，因此研究费用黏性具有重要的现实意义。

关于费用黏性影响因素的研究则进一步丰富了费用黏性影响因素的多因素分析，深化了影响因素对企业费用黏性的作用机理和机制。我国企业费用黏性研究具有重要的理论研究意义，主要包括以下几个方面：

（1）传统的成本性态理论将成本费用与业务量关系描述为简单的线性关系。而费用黏性描述了企业成本费用与业务量之间真实存在的不等比例变化的成本性态表现形式，进一步丰富了成本性态理论研究，也有助于更加丰富管理会计理论研究。关于地区要素市场化、宏观货币政策对费用黏性影响的研究，有助于进一步丰富费用黏性的影响因素研究，有利于完善现有的成本性态模型。与此同时，更好地解决费用黏性问题最终也有利于完善现有的成本管理理论。

（2）研究地区要素市场化指数对企业费用黏性的影响，将经济学的市场化指数研究和财务会计学的费用黏性研究采用学科交叉分析方法，不仅从宏观层面考虑了受宏观经济政策影响的地区要素市场发育水平对企业费用黏性变化的作用，同时也从微观层面分析了资源的调整成本和代理问题对费用黏性影响的机理，有助于更加系统、全面地分析企业费用黏性的影响因素，验证了"宏观经济政策和微观企业行为关系"研究框架分析视角的学术研究可行性。

（3）研究宏观货币政策对费用黏性的影响，将经济学的宏观货币政策和财务会计学的费用黏性研究进行学科交叉研究，不仅有助于丰富宏观货币政策的理论支撑，而且还拓展了费用黏性研究的视角，不仅用资源的调整成本理论和代理问题解释费用黏性的变化，同时也用经济学的宏观货币政策解释了企业费用黏性变化，更加系统、全面地分析了费用黏性的影响因素，也验证了"宏观经济政策和微观企业行为关系"研究框架分析模式的学术研究可行性。

（4）结合代理问题对费用黏性的影响，研究地区要素市场化指数对不同费用类型黏性影响的差异，实证结果表明，地区要素市场化指数对管理费用黏性的影响比对销售费用黏性的影响更加显著，再次验证了管理费用作为代理成本的替代变量的准确性，为这一代理成本指标的合理性提供了佐证。

7

同时，研究我国企业费用黏性对市场化改革和产权改革也具有一定的现实作用，主要包括以下几个方面：

（1）企业费用黏性研究有助于深化市场化改革，完善生产要素市场。

在市场化改革的过程中，加快政府行政管理体制改革和职能转变，应大力减少政府对资源的直接配置，减少不必要的行政垄断和部门特权，政府应合理地发挥宏观调控作用，杜绝政府的过度干预行为，杜绝政府担保行为的出现，坚持经济本身在资源配置方面的主导性地位，使得社会资源实现符合经济规律和价格规律的最佳配置。进一步健全和完善我国产权制度，推进国有企业的进一步改革，加大对国有资产的管理力度，增强社会和政府对国有资产的监管力度，改善企业治理结构和机制，提高公司的整体管理水平，尤其是费用的支出情况，增强企业对价格变化的反应灵敏性。由于我国非国有企业起步较晚，而且在发展过程中遇到很多的障碍和约束，因此，在市场化改革过程中还要努力为非国有企业发展提供公平的经济环境，保证社会主义市场经济的公平发展。

进一步发展和完善生产要素市场，健全和完善原材料、劳动力等市场机制。由于自然条件、经济发展基础和国家宏观经济政策的共同影响，导致我国各地区的市场化程度存在很大差异，这些差异也直接导致我国不同地区在生产要素流通和分配上存在很大的差异，这就是要素市场"扭曲"的现象。比如劳动力市场缺乏制度保护，土地市场产权模糊，缺乏有效价格机制等，因此需要消除阻碍原材料、劳动力等自由流动的政府制度和规定，切实避免地方保护主义的出现，确保信息流通顺畅等。加强政府对价格的监管调控，加快推行资源价格的市场化进程，使得其可以真实描述该资源的整体供求现状、稀缺水平，确保其价格真正体现该要素的真实价值。

（2）企业费用黏性研究有助于企业注重外部环境建设，强化企业对外部和内部的监管。

为营造更加良好的企业外部经济环境，国家应加强对宏观经济的调控力度，尤其是对货币政策的把握，提高政策制定的合理性和针对性，保证实施相关政策的切实有效。借鉴经济政策和微观企业存在的互动关系，能够为宏观经济政策的制定提供更详实的理论支撑，有助于更好地实现宏观经济政策的宏观调控目的，为社会经济、企业发展提供更加稳定、适宜的发展环境。不断优化资源配置方案，降低因经济波动引起企业资源配置方案的不适应而产生的调整成本，从费用黏性"调整成本"成因出发，把费用黏性控制在适当的水平上，有效促进企业绩效的提高。

强化对企业外部和内部的监管，政府对上市公司的监管是降低企业费用黏性水平的重要力量，因此，国家监管部门应该加大对上市公司的监管力度，制定和修改与监管相关的制度和政策。从社会的其他角度，各行业协会、社会媒体等多方应协同形成立体监管网，以对企业外部环境监管推进企业内的成本管理，尽量避免公司管理者代理问题的出现，以更好地管理公司费用的黏性程度。企业还要加大对自身的监督力度，由于对企业自身的监督主要是依靠监事会和董事会（主要是指独立董事成员），根据中国证监会的规定，独立董事占董事会的比例不得低于三分之一，而我国的许多企业虽然存在独立董事，但所占比例远远低于规定比例。因此，无法通过独立董事来监管管理层的经营决策，也无法切实保护中小股东的利益，所以，应该加强对企业内部监管机制的建设，真正发挥对企业内部监管的作用。

（3）企业费用黏性研究有助于不断完善企业的内部治理，建立有效激励机制。

管理者机会主义自利行为是产生费用黏性的原因之一，因此要控制费用黏性的水平，必须控制管理者的自利行为，如优化公司股权结构；尽量避免股东一方独大；也可通过管理层持股的方法，实现管理层自身的利益和股东以及公司的利益一体化。公司通过不断完善自身的内部激励和约束机制，降低因自身管理水平不足而造成的费用黏性，来提高企业自身整体治理程度。虽然董事长与CEO两职兼任可以增加自身效率和收益，但在一定程度上削弱了对自身监管的效果，因此公司应适当地推行两职分离；进一步扩大规模和独立董事所占的比重，切实有效地提升董事会的监管能力和监管效率。

企业应建立行之有效的激励机制。根据委托代理理论的观点，由于股东和管理层之间存在代理问题，管理层在进行企业成本费用决策时存在偏离股东利益的可能，出现代理问题现象。管理层主要倾向于从自身薪酬和自身能够控制的资源这两个角度来维护自身的利益，因此企业应针对企业的具体情况，建立有利于企业发展的激励机制，而激励渠道包括薪酬渠道和股权渠道，也可以两者都有，但一定要注意保持适当的激励水平。公司应制定一系列明确的、公正的、公平的激励机制，从而为公司的长远发展发挥重要作用。

（4）企业费用黏性研究有助于完善市场竞争环境，有效降低信息不对称。

代理问题一直被学者们视为费用黏性变化的主要因素之一，只有有效地减少或避免企业代理问题，企业才能够真正实现对费用进行管理和控制，而企业管理者代理问题的出现与信息不对称有着密切的关系。外部市场竞争环境也会影响信息的不对称，因此，企业应努力完善市场竞争环境，增强市场信息的透明度，使得股东和管理层都能够及时获得有效信息，避免企业股东和管理层之间因信息不对称而产生的代理问题。避免管理层自利行为的出现，可以帮助股东、债权人等对管理层决策进行监督和解读，切实维护股东、债权人等的利益。充分竞争的市场环境还有助于企业管理层个人能力的提升以及对其的选拔。面对充分竞争的市场环境，企业管理者必须迅速地获取所需信息，经营决策必须及时、准确，在经济实战中不断提高个人能力和素质，以实现对企业费用的有效管理和资源配置。同时充分竞争的市场经济环境有利于对企业管理人员的选拔，将市场竞争这一有效手段作为管理者的选拔标准，不仅有利于激发管理人员的工作热情，而且还能避免管理者自利行为现象的出现，真正避免代理问题对企业费用黏性的影响。

2 费用黏性概述

本书首先界定了成本习性、费用黏性、资源的调整成本等相关概念，并着重介绍了费用黏性的三大理论基础：委托代理理论、不完全契约理论和有限理性假说，运用这些理论分别解释代理问题、资源调整成本和管理层预期对费用黏性的影响，深入剖析了国际公认的企业费用黏性三大影响因素的作用机理。

2.1 费用黏性的概念界定

2.1.1 成本习性理论

作为企业，一方面要面临国内同行业或相关行业的竞争，另一方面还要面临国际市场同行业或相关行业的竞争，这种竞争不仅包括价格因素，还涉及企业所有环节的因素，比如生产工艺、营销策略、产品质量、客户服务、物流配送等。这些都使得企业管理者的成本管理受到前所未有的压力，而成本费用管理作为企业经营活动的重中之重，企业高管和投资者等企业利益相关者都对其越来越高度关注。企业管理者们必须努力寻求企业日常经营活动过程中各种降低成本的途径，因为只有有效地管理和控制企业成本费用才能更好地进行企业管理和经营决策，才能提高企业生产效率和资源的利用效率，提高企业盈利能力和核心竞争力，抢占市场份额以获得更高的利润，最终实现企业的经营目标。所以，企业日常经营管理活动都是以成本为基础进行的，成本是企业经营活动和管理决策都需要首要考虑的问题。离开了成本，企业所有的经济活动都会停滞不前，因此，企业的所有经济活动都必须以成本为起点。对于成本的定义有很多种，不同学科对成本有不同视角的定义。本书所提及成本的定义是管理会计学科的成本定义，是指企业在生产经营过程中以货币形式表现的，为达到某一特定目的，已经发生或可能发生的各种经济资源的耗费，会计人员通常采用产品或劳务的数量来进行成本的计量。成本管理的首要任务就是研究成本性态，对企业的成本进行界定和分类。

传统管理会计认为不同的目的有不同的成本概念，但成本按其性态分类是其最基本的分类，它是从事管理会计及各项活动必不可少的一种分类。成本性态主要是描述不同性质成本与业务量的相互依存关系，其模型的数学函数表达式一般为 y=a+bx。在公式中，字母 y 表成本总额，字母 x 代表业务量（产量或销量），字母 a 代表固定成本总额，字母 b 代表单位变动成本，业务量是指企业一定会计期间内生产量或销售量总和。

如图 2-1 所示，a 代表固定成本总额。固定成本是指在一定条件下，其总额不随业务量的变化发生任何数额变化的那部分成本。图 2-1 直观显示了固定成本总额（成本性态模型为 y=a）的不变性和单位固定成本（成本性态模型为 y=a/x）的反比例变动性。通常，可以作为固定成本内容的有：房屋设备租赁费、财产保险费、广告费、职工培训费、管理人员工资、按使用年限法计提的固定资产折旧费等。以制造业企业为例，制造费用中有不随产量变动的办公费、差旅费、折旧费、租赁费、劳动保险费、管理人员工资和租赁费等；销售费用中有不受销量影响的销售人员工资、广告费和折旧费等；管理费用中有不受产量或销量影响的企业管理人员工资、折旧费、租赁费、保险费和土地使用税等；财务费用中有不受产量或销量影响的各期利息支出等。固定成本按其是否受管理层短期决策行为影响，可以进一步区分为约束性固定成本和酌量性固定成本两类。约束性固定成本包括计提的厂房与机器设备的折旧费、支付的保险费、财产税、管理人员工资等。酌量性固定成本包括一定期间预计支付的广告费、职工培训费、新产品开发费等。

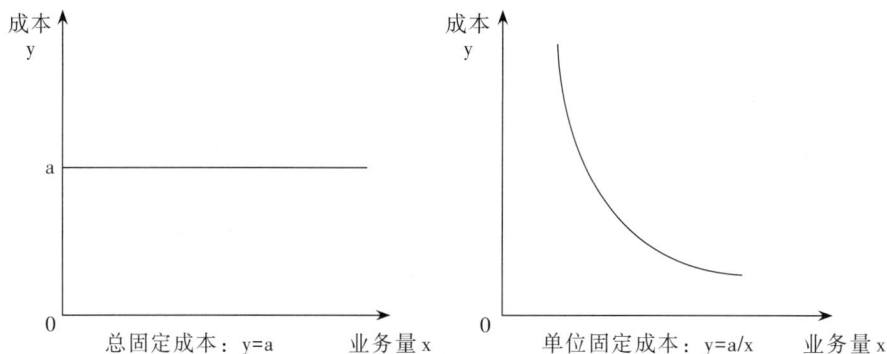

图 2-1　固定成本说明图

如图 2-2 所示，bx 代表变动成本总额。变动成本是指在一定条件下，其总额随业务量变化而呈正比例变化的那部分成本。图 2-2 直观显示了单位变动成本（成本性态模型为 y=b）的不变性和变动成本总额（成本性态模型为 y=bx）的正比例变动性。通常，可以作为变动成本内容的有：生产成本中与产量呈正比例变化的原材料、燃料及动力、外部加工费、外购半成品；按工作量法计提的固定资产折旧费；计件工资形式下的生产工人工资；销售费用中的销售佣金、装运费、包装费等；管理费用中与业务量呈正比例变动的非生产成本中的各项目。

12

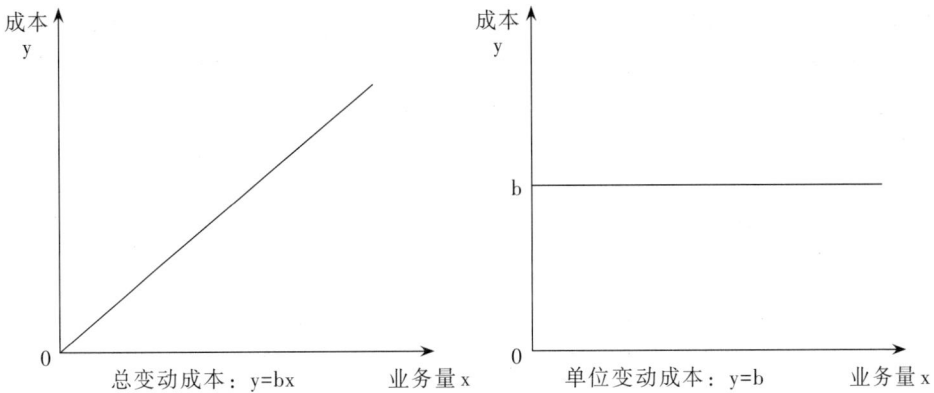

图 2-2 变动成本说明图

因此，传统成本性态模型认为，当企业处于某一业务量水平时，无论将来业务量上升或下降，只要变动数额相等，成本的变动幅度都是相同的，即当产量或销售量上升1%时，企业成本费用增加n%；当产量或销售量下降1%时，企业成本费用也会减少n%。

为了使成本性态分析理论成立，学者们还提出了支持这种理论的基本假设，主要包括相关范围假设和一元线性假设。相关范围假设主要是指在对成本性质进行分类时需要综合考虑业务量变化以及相关期间变化的双重影响，但这种影响可以是两个因素的共同作用，也可以是某一因素的单独作用，只要有一个因素起作用，就可以认为是受到了相关范围的制约。一元线性假设主要描述模型数学函数表达式中不同性质成本与业务量之间存在的线性相关关系。由于相关范围的存在，导致在相关范围内，无论是总成本还是混合成本与业务量之间的关系用数学函数公式表示都是 $y=a+bx$，可以这样讲，没有相关范围假设，就不存在总成本的一元线性假设。总成本的一元线性假设是相关范围假设作用的必然结果。

2.1.2 费用黏性

传统成本性态模型数学函数表达式一般为 $y=a+bx$，该理论认为：不同性质成本与业务量之间存在简单的线性相关关系，但必须满足相关范围和一元线性假设的基本假设。但是在实务中，企业的现实情况并不能完全满足这些假设。从长期来看，随着业务量的不断增长，所有的不同性质成本都有可能随时发生变化，固定成本和变动成本都不是一成不变的，所以企业的成本费用和业务量的关系也并不像传统成本性态分析理论描述的那样呈简单的线性相关关系。随着实务的发展和科学研究的深入，越来越多的学者发现企业的成本费用并不是完全随着业务量的变化而呈对称性变化的，有时企业的费用或成本与业务量存在非对称现象，具体表现为成本费用在企业业务量增加时的边际变化率与在企业业务量减少时的边际变化率的非对称性，后来，学者们将这种不对称现象叫作"费用黏性"。

针对费用黏性的研究经历了相当漫长的时期，该研究最早起源于国外，是在许多的专家、学者长期深入研究企业成本费用的过程中逐渐发展起来的。费用黏性现象最早被发现于1993年，Rajiv D.Banker 和 Holly H.Johnston 在对美国大型航空企业进行研究时，发现航空公司的成本费用的变化不随着销售收入的变化而同向变化，违背了传统成本性态理论，而且还发现企业经营决策与航空企业的成本费用显著相关。E. Noreen 和 N. Soderstrom（1997）研究发现医疗机构的成本费用变化规律也不遵循传统成本性态理论，甚至出现医疗机构的平均医疗费用因业务量的增加而降低的反向现象，R. Cooper 和 R. Kaplan（1998）尝试用"成本动因"来解释成本费用与销售收入非等比例变化的现象，成本驱动因素不仅包括业务量，还包括其他客观驱动因素和主观人为驱动因素。这一阶段的学术研究主要是质疑传统成本性态理论与实务应用的一致性，还没有学者提出费用黏性的概念。

直到2003年，ABJ 在对美国样本企业进行研究时，选取 SG&A 和 Revenue 作为主要变量进行实证模型分析，研究结果表明，销售收入每增加1%，SG&A 随之增加约0.55%，销售收入下降等额幅度1%时，SG&A 却仅仅减少约0.35%，针对这种费用变化的非对称性，即费用随着销售收入下降而减少的幅度小于费用随着销售收入上升而增加的幅度，ABJ 首次称之为"费用黏性"（Cost Stickiness）。

所谓费用黏性，借鉴了经济学中"价格黏性"的概念，是指企业的费用随产量或销售量的变化出现的非等比例变化的现象，也就是说企业费用在产量或销售量增加时的变化率大于在产量或销售量减少时的变化率。费用黏性的提出颠覆了传统成本性态理论的观点。传统成本性态模型认为，当企业处于某一业务量水平时，无论将来业务量上升或下降，只要变动数额相等，成本的变动幅度都是相同的，即当产量或销售量上升1%时，企业成本费用增加n%；当产量或销售量下降1%时，企业成本费用也会减少n%。而费用黏性观点认为，企业费用在产量或销售量上升时的边际变化率大于在产量或销售量下降时的边际变化率。

费用黏性是成本性态的一种表现形式，表现为企业费用随着销售收入下降而减少的幅度小于费用随着销售收入上升而增加的幅度。关于费用黏性产生的原因，学者们从许多方面进行了解释：有的学者认为SG&A的黏性与企业环境变化有关，由于向下调整成本和向上调整成本的不对称性，即闲置资源向下（抑制或减缓）调整过程的成本超过了向上（扩大或增加）调整过程的成本，企业就必须承担调整成本。以员工为例，调整成本包括新员工被录用时的培训费用、员工被解雇时的遣散费，以及员工士气低落时所产生的组织成本等，这是成本费用黏性产生的重要因素之一；有的学者认为公司高管关注的是自身绩效最大化，而不是股东权益最优化，这种由代理问题产生的代理成本也是产生费用黏性的重要因素之一；有的学者认为当业务量下降时，管理层会乐观预期未来的产量或销量高于企业当期的产量或销售量，因此管理层不会立刻调整企业的资源配置，而企业当期的产量或销售量增加时，管理层更会乐观预期企业未来的业务量存在持续增长的趋势，迅速做出大量增加承诺资源的成本决策，这是成本费用黏性产生的又一个重要因素之一。总之，费用黏性的提出丰富了成本管理的理论基础，为后续的研究提供了借鉴，为未来费用黏性的影响因素和经济后果研究提供了平台。费用黏性现象与管理者决策是一致的，因此可以帮助金融分析师和测算师对管理层决策行为的经济后果进行盈余预测等。

2.2 费用黏性的特性

费用黏性的概念提出后，国内外学者对该领域做了大量的实证研究，在确认其存在性的同时，还发现了费用黏性的如下特性：反转性、反向性和差异性。

2.2.1 反转性

反转性是指费用黏性现象会随着会计期间的拉长而逐渐变弱，即费用黏性水平随着时间的延长而减弱，甚至消失。ABJ发现当选取样本的研究周期延长时，比如当将会计周期延长为三年或四年时，企业的成本费用黏性水平会随之降低。这是因为企业业务量下降时，公司管理者不会立即对资源进行削减调整，他们需要更多的信息来决定最终的调整资源决策，这就会导致闲置资源在时间延误期间产生费用黏性。另外，由于解除合同承诺需要时间，所以从减少投入资源到产生成本费用也具有时间滞后性。

美国学者在采用ABJ（2003）模型对SG&A和CGS是否存在黏性进行验证时，发现当企业销售收入变化小于10%时，SG&A和CGS并不是随着销售收入的变化而产生不对称变化的，它们与销量仍旧保持着一元线性关系，两种成本都不具有黏性行为。但当收入变化超过10%时，两种成本都表现出黏性行为，即SG&A和CGS都存在费用黏性的反转性。巴西企业的成本费用黏性也存在反转性，随着考察企业会计期间的延长，样本企业的成本费用黏性水平会逐渐降低，甚至出现消失的现象。他们认为这是由于随着会计期间的延长，有利于管理者掌握更多的信息，从而更加确信自己的预期。还有学者研究发现，日本企业当销售收入比上期向下变动幅度超过5%时，费用黏性水平会减弱；反之，当向下变动幅度小于5%时，成本费用不存在黏性现象，也就是说日本企业的费用黏性也具有反转性特性。

我国学者对费用黏性的反转性也进行了深入研究，发现中国企业的费用黏性也存在反转性。中国学者在研究过程中对营业收入和销管费用进行分期处理，结果发现一年期成本费用黏性较大，两年期的费用黏性有所降低，三年期的费用黏性系数也小于第一期的费用黏性，从而证实了我国上市公司费用黏性具有反转性，同时还研究发现，成本费用黏性具有随着会计期间跨度的增加而变小的反转性。

2.2.2　反向性

反向性是指费用黏性程度与企业业务量下降幅度是反向相关的，即业务量向下变动幅度越大，费用黏性程度越不显著。这是因为企业业务量向下变动幅度越大时，公司高管面临的企业业绩压力越大，高管就会立即做出削减闲置资源的决策，决策执行和费用形成的时间滞后性就越小。

许多学者都证明了费用黏性反向性的存在，当保留成本费用与产量或销量同向变化的财务数据后，实证结果表明，样本企业的成本费用黏性程度会大幅度下降，甚至出现了反黏性现象。有研究显示，中国企业也存在反向性。当企业销售收入的变动幅度超过20％时，公司费用黏性比销售收入变动幅度低于20％时的费用黏性显著下降。这主要归因于收入下降幅度大时，公司高管所面临的业绩压力较大，需迅速调整决策，重视执行效果的时效性，而此时企业保持闲置资源所需成本要远远大于削减资源所需的成本，因此企业高管更倾向于成比例地削减资源。

2.2.3　差异性

中外学者们10多年不懈地进行费用黏性经验研究，还发现了不同国家、不同地区、不同行业和不同部门的费用黏性水平都存在显著的差异，这种差异性包括费用黏性的国别差异、费用黏性的行业差异、费用黏性的部门差异和费用黏性的地区差异。

（1）国别差异

大量的国外文献都研究了针对费用黏性的国别差异，实证结果表明，费用黏性水平在不同国家的企业是有差异的。有的文献研究美国、英国、法国和德国企业费用黏性的国别差异，发现美国和英国的费用黏性大于德国和法国的费用黏性，这归因于各国公司治理制度和管理监督机制的差异。英国和美国的公司经营目标是股东权益最大化，公司治理的法律制度也是股东权益最大化，并且通过股票市场的管理约束机制对管理层进行监管；德国和法国公司治理制度一般基于利益相关集团最大化，股票市场的监管约束力度较弱，管理层和工人都属于利益相关者，德国和法国员工甚至参与企业的经营决策。因此他们的调整成本更高，比如裁员所要支付的成本，不仅包括违约金和补偿性费用，还要包括组织成本，员工罢工、剩余员工士气低落影响劳动生产率等成本。

有研究表明，19个经济合作与发展组织的成员方（OECD）的企业费用黏性也存在着国别差异。他们选取总计 12 666 家样本企业 1996—2005 年期间的大样本财务数据，从劳动力市场特征角度来解释费用黏性的国别差异。他们借鉴劳动经济学理论，基于劳动力市场对企业资源调整和销售相关资源调整所产生的影响，选取工会的议价能力、集中和协调程度、失业水平和就业立法保护水平这 4 个特征，来分析成本费用黏性的跨国差异。最终结论是 12 个工业化国家样本企业费用黏性比较显著，其余国家的费用黏性则不显著，阐述了研究费用黏性在不同国家差异的必要性。

（2）行业差异

同一个国家不同行业企业的费用黏性是存在差异的。学者们通过对不同行业的费用黏性进行对比研究，发现制造业、销售业、服务业和金融业的费用黏性还具有明显的行业差异，制造业是成本费用黏性最大的行业，变化区间为 10% 至 15%，因为制造业的固定资产和存货水平远远高于其他行业。销售业和服务业的费用黏性较低，因为这两者的固定资产水平较低。销售业的费用黏性程度的决定性因素只有存货，加之销售行业竞争比较激烈，企业成本必须针对销售收入的变化进行迅速调整，因此该行业的费用黏性较低。服务业的费用黏性程度的决定性因素是员工的能力，它对能否给客户提供满意的产品或服务起决定性的作用。金融业主要受库存水平、利息支出、贷款损失和员工能力的影响，该行业成本费用黏性程度影响因素较多、较复杂。

基于此，他们提出：在研究成本费用黏性时，还必须要考虑行业的差异性，进一步丰富费用黏性的差别性研究。

针对费用黏性的行业差异性，我国学者也进行了大量的、丰富的实证研究：采用中国证监会行业分类方法，将 927 家样本企业分为采掘业、建筑业和房地产业等 9 个行业，其中制造业选取主要的 7 个细分行业，对样本企业连续 5 年共计 4 580 个年度观测值进行实证分析。实证结果发现，除了交通运输业等 3 个行业不存在费用黏性外，其他行业均存在不同程度的费用黏性。其中，建筑业的费用黏性较大，信息技术和制造业的成本费用黏性较小，验证了费用黏性具有行业差异性。也有的学者选取 454 家样本企业 1998—2005 年的年度数据，将样本企业进行行业归类，样本企业多为制造业、电煤水供应业等前 5 类行业，实证结果发现，制造业的费用黏性普遍较强，信息技术业、批发零售贸易业和电煤水供应业的费用黏性会随着销售收入的变化而变化，而房地产业的费用黏性不显著，甚至显著为正。

（3）部门差异

同一个企业不同部门的费用黏性是存在差异的。学者在研究安大略医院的短期费用行为时，与以往的研究不同，不是仅分析公司层面，还研究部门层面的成本数据，研究公司部门之间的成本费用的差异性。按照各部门对医院核心竞争力的贡献进行等级划分：医院的核心竞争部门，如手术套房及病房（妇产科、儿科等），是医院提供优质医疗服务的中心；其他辅助这些核心部门活动的服务，即辅助内环部门，如药剂和治疗部门；辅助服务外环包括独立的部门实体（比如洗衣房和餐厅等），以及包括医院管理和建筑维修等部门等。研究结果表明，病人护理（如手术套房）作为医院的核心服务部门，由于患者需要的服务是频繁的，服务的类型具有不确定性，所以该部门的费用黏性较大。另外，招聘和培训专业医疗人员的成本远远大于辅助员工（比如洗衣工）的成本费用，卫生人力资源市场的性质也影响着各部门成本费用黏性的大小。加拿大安大略地区的医疗卫生业是公共资助的，其中90%的账户资金都用于医院护理。基于这些，认为医院科室部门之间的成本费用黏性是存在差异的。

（4）地区差异

同一个国家不同地区的企业的费用黏性是存在差异的。地区差异性研究最早开始于我国，我国学者从地区经济差异角度分析费用黏性的差异性。由于我国在市场化改革过程中采取非均衡性发展策略，导致我国出现地区经济发展差异性，最终形成东部、中部和西部三大经济区域的巨大差异，他们研究这种差异是否会导致企业成本费用黏性行为的地区差异。我国学者选取317家沪深A股样本公司1998—2005年的财务数据，其中包括110家东部地区企业、148家中部地区企业和59家西部地区企业。实证结果显示，西部地区企业费用黏性最大，中部地区企业费用黏性次之，东部地区企业费用黏性最小。这是因为东部地区市场经济比较发达，高新技术产业比较集中，而劳动密集型企业多集中在西部和中部，各地区的要素资源成本存在差异性，最终导致费用黏性的地区差异性。通过对费用黏性地区差异性的研究，促使社会学者们越来越关注市场化改革过程中要素市场改革的重要性。

3 费用黏性的影响因素与经济后果

3.1 费用黏性的影响因素

10多年来，越来越多的国内外学者对费用黏性的影响因素做了大量的理论研究和经验研究，他们发现许多企业内外部因素都对费用黏性具有显著影响。本章采用国外学术界公认的 Banker 等（2011、2012）的观点，认为费用黏性的影响因素主要包括资源调整成本（Adjustment Costs）、管理层预期和代理问题（Agency Problem），这三个因素对企业费用黏性产生具有重要影响。

3.1.1 资源调整成本与费用黏性

调整成本的含义有很多种解释，国内外学术界并没有达成统一，而且调整成本所涉及的范围也比较宽泛。首先，学者们认为是由于管理者决定向企业投入大量的多种承诺资源（Commitment Resources）而最终导致了企业成本和费用的形成。经济学的"契约观"理论能够很好地解释这一观点。契约观认为，为了降低企业经营所需成本并维持企业的长期持续经营，企业大量的日常经营开支并不是根据市场供给需求状况而临时发生的，因为企业临时所需的资源有可能无法迅速获取，或者此时所需资源获取的成本较高，因此企业往往在资源成本较低时进行资源购置，并且倾向于与资源供应者签订长期的契约，比如在采购固定资产时，与供应商签订长期协议；为降低人工成本，企业往往与员工签订长期合同等。而这些合同或协议一旦签订，如果企业管理者短期内对资源进行调整，就将面临较高的长期契约调整成本。

在企业实际经营过程中，管理者往往需要根据市场需求和销售收入的变化，深思熟虑后对投入承诺资源进行调整。当产量或销量发生变化时，企业向上或向下（提高或降低）调整成本费用的支出就会导致调整成本的形成。以劳动力资源为例，随着企业业务量下降，企业通常会向下（减少）调整人力资源成本，这时企业所面临的向下调整成本包括支付给被解雇员工的遣散费、失业补偿，以及企业未解雇员工工作士气和劳动生产率下降所导致的那部分损失等；随着企业业务量上升，企业通常会向上（增加）调整人力资源成本，这时企业所面临的向上调整成本包括招聘费用和培训新员工的费用等。以物质资源为例，随着企业业务量的变化，向下调整成本包括企业处置闲置机器设备而产生的处置费用等；向上调整成本则包括购置新机器设备时需支付的运输费用和安装费用等。正是由于调整成本的存在，所以企业当期业务量变动、企业即期生产能力变动（包括人力资源、原材料等）以及未来业务量预期变动决定了企业成本与费用的变动关系。

对费用黏性的研究主要是建立在对销售量和成本变化的不对称性预测的基础上的，由于传统模型更侧重于销售量和成本之间的线性关系，因此首先研究自由裁量权对线性关系的影响。图 3-1 中横坐标 $Sales_j$ 表示销售量，纵坐标 $Resources$ 表示资源投入水平，阴影线描述了管理者在不同销售水平下的资源决策，以及各期的短期成本函数。$Resources_{j-1}$ 表示前期投入的可用资源，两条向上倾斜的线之间的间隙表示管理者保留闲置资源的意愿。为了方便理解，首先假定将调整成本（如培训和解雇成本）从资源成本（如工资）中分离出来单独记录，并主要关注后者的变化，可用资源的生产能力主要由前期的资源投入水平（$Resources_{j-1}$）来决定。当需求增加时，只有管理者增加所需资源，销售量（$Sales_j$）才会超过可用资源的生产能力，此时由于管理者不会获取不必要的资源，成本主要与资源的需求有关，如 A 场景所示，资源需求线可以是凸的，当存在显著的边际产品递减等时；也可以是凹的，当在存在显著的经济规模时。当目前销售量远远低于生产能力时，管理者会削减一些（但不是全部）未使用的资源，承担调整成本，使得闲置生产能力降低到可接受的水平。因此，此时成本与资源的需求和最大可接受闲置资源水平之和相关。如 B 场景所示，因为管理者需要权衡保留闲置资源的成本与因处理其而产生的调整成本的多少，往往会保留一部分闲置资源，削减一部分资源，以保留和削减资源的边际水平为限，最大可接受闲置资源水平取决于预期未来销售量是否会增加，以及向下和向上的调整成本。当销售量水平适中时，前期的资源投入水平（$Resources_{j-1}$）能够满足本期的销售需求，存在闲置生产能力，但低于可接受水平，此时管理者会维持原来的资源水平，如 C 场景所示。

各期短期成本函数总结如下：

在 A 场景下：较低的调整成本归为可变成本。目前的销售量超过了可用资源的生产能力（取决于前期的资源投入水平 $Resources_{j-1}$），管理者需要增加所需的资源，此时的成本函数等于销售量对资源的需求。

在 B 场景下：较高的调整成本归为相关范围内的固定成本。目前的销售量远远低于可用资源的生产能力，而且未使用资源高出了可接受的水平，管理者保留最多可接受的闲置资源，并且通过削减资源从而使其降低到可接受水平，企业承担由此产生的调整成本，此时的成本函数等于销售量对资源的需求与最大可接受闲置资源水平之和。

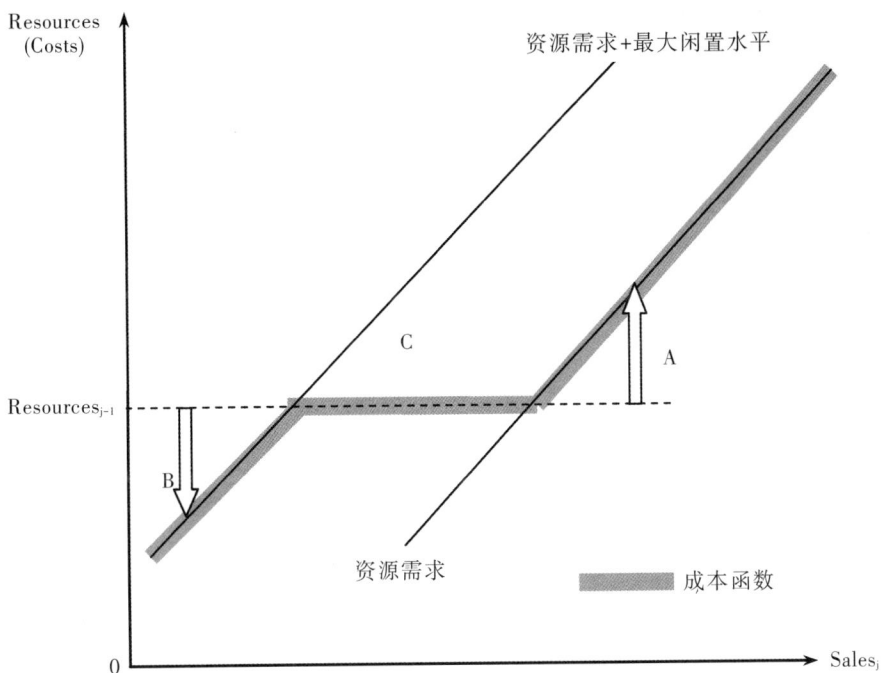

图3-1　管理者投入承诺资源与销售量之间的相关函数

在C场景下：闲置生产能力存在，但在可接受水平内，在这种情况下管理者往往不会改变资源水平，因为保留未使用资源的成本低于处置这些资源所产生的调整成本，此时的成本函数等于初始资源投入水平（$Resources_{j-1}$）。

资源需求线可以是线性的，也可以是凸的（当存在显著的边际产品递减等时），还可以是凹的（当存在显著的经济规模时）。公司销售量越大，企业最大可接受闲置资源水平越高，在这种情况下，这两条线将不平行。广义的经营成本和总成本不仅包括资源成本，还包括货币调整成本，A场景部分的成本函数的斜率将是陡峭的，因为向上调整成本的存在，如培训新员工的成本。相反地，在B场景下，当管理者削减资源时，资源成本的减少部分被向下调整的费用所抵消，如遣散费。这将减少成本函数最左边的陡峭程度。对于较低调整成本的资源，管理者只能保留少量的闲置资源，此时成本函数将其归为标准可变成本，如图3-2中场景A所示。而对于有较高调整成本的资源，管理者更倾向于保留大量的闲置资源，此时成本函数将其归为传统"相关范围"的固定成本，如图3-3场景B所示。因此，不应该仅将固定和可变成本作为成本的基本因素，应将资源调整成本和管理决策作为考虑因素，扩充研究模型，更加系统、全方位地研究调整成本。值得注意的是，调整成本可能因机构和合同安排的不同而导致不同的行为。例如，由于美国和中国劳动力调整成本较低而归为可变成本，而西欧劳动力调整成本较高而归为固定成本。

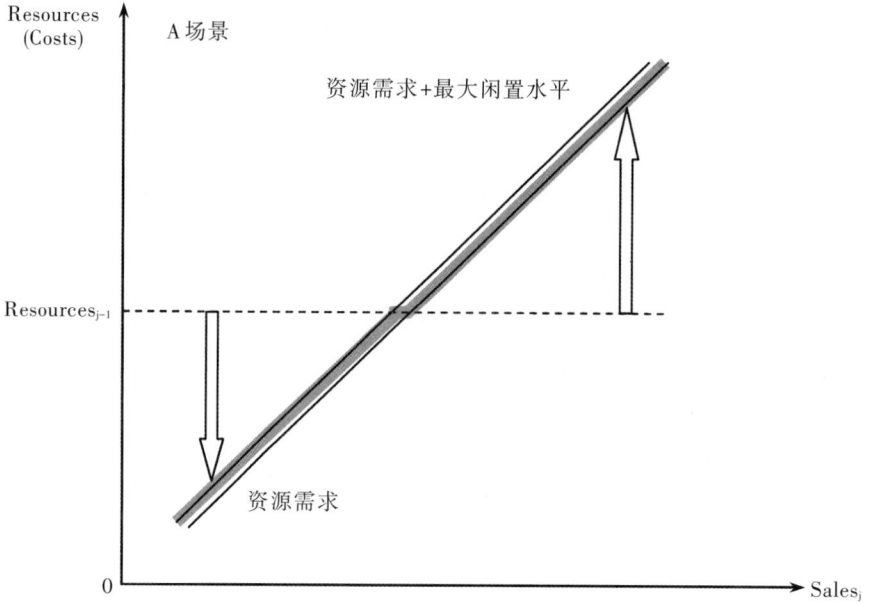

图 3-2　较低的调整成本归为标准可变成本

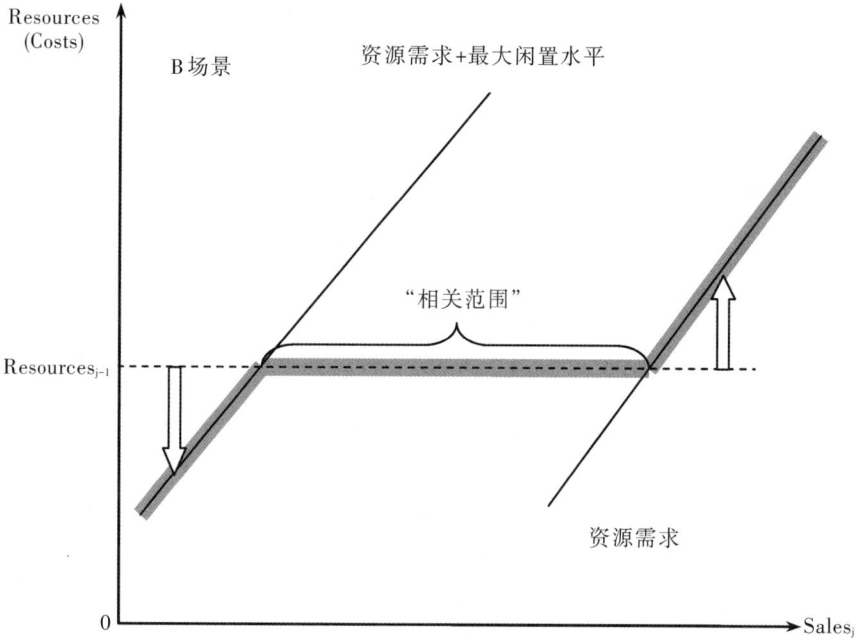

图 3-3　较高的调整成本归为"相关范围"的固定成本

传统模型认为许多资源既不完全固定，也不完全可变，人们称之为混合成本。然而，如图3-1所示，这样的资源为非对称性成本而不是混合成本。混合成本只能作为较高调整成本和较低调整成本的资源组合，而不包括存在适中调整成本的资源。

关于调整成本的分类主要有两种观点：一种观点（Joseph Francois、Marion Jansen 和 Ralf Peters，2010）认为，企业的调整成本主要由两部分组成，一个是每个企业所特有的调整成本，属于每个企业内部调整所产生的调整成本；另一个是企业外部调整成本，是企业所处的大环境中的一些政策法规导致企业产生的调整成本。在企业所包含的调整成本中，他们通过对前人研究的总结，认为一个企业内部的调整成本主要源于两个方面，即劳动力和资金，并对具体的项目进行了归纳，与劳动力有关的调整成本包括：失业补偿、企业在职工培训或转岗时所支付的工资、员工技术的缺失、培训费用以及员工的缺失感等。与资金有关的调整成本包括：已经在使用中的资金、机器以及不动产的处理费用、资金在转移过程中所支付的费用等。而外部环境使得企业产生的调整成本主要有税收、社会安全的相关支出以及国家在贸易过程中企业所需要支付的成本。另一种观点（Rajiv D. Banker，2011）认为，所谓调整成本，包括货币性调整成本和心理性调整成本两部分。货币性调整成本是指业务量下降时向下调整承诺资源和业务量上升时向上调整承诺资源时企业必须支付的成本。比如上文以劳动力资源和物质资源为例所包括的调整成本。企业管理者不仅关注货币性调整成本，也关注心理性调整成本，比如管理者不愿意解雇自己部门或比较熟悉的员工，因为这会影响管理者自身在企业中的个人利益。

在研究资源调整成本与费用黏性的关系时，学者们倾向于从经济学角度分析货币性调整成本对费用黏性的影响。学者们认为，是由于管理者决定向企业投入大量的多种承诺资源（Commitment Resources）而最终导致了企业成本和费用的形成，经济学的"契约观"理论能够很好地解释这一观点，如前所述。

Rajiv D. Banker、Byzalov 和 Plehn-Dujowich（2010）研究了调整成本对企业成本费用决策的影响，他们认为当企业业务量下降时，管理者不仅需要考虑资源的调整成本的支出，还要考虑企业盈利指标对投资者等利益相关者的影响，如果选择看重后者，管理者很有可能削减企业闲置资源，导致成本费用与业务量的不对称性行为。企业管理者不仅关注货币性调整成本，而且也关注心理性调整成本，比如管理者不愿意解雇自己部门员工或比较熟悉的员工，因为这会影响管理者自身在企业中的个人利益。正是这种向上调整成本和向下调整成本的不一致性，使得企业成本费用并不是随着业务量的变化而同方向等幅度变化的，这种成本费用与业务量之间非线性的关系，被 ABJ（2003）称为（成本）费用黏性。

ABJ（2003）也认为由于向下调整成本和向上调整成本的不对称性，即闲置资源向下（抑制或减缓）调整过程成本超过了向上（扩大或增加）调整过程的成本，企业就必须承担调整成本，他们选用资本密集度（企业总资产和营业收入之比）和劳动密集度（公司员工人数和营业收入之比）作为资源调整成本的代理变量和模型的控制变量，资本密集度和劳动密集度分别衡量企业总资产水平和劳动力水平。如果企业总资产和劳动力与营业收入比值越高，则企业的SG&A的黏性就越大，实证结果也证实了他们的假设。同时，他们还发现，实物资产和劳动力资源所占比重较大的企业的向下调整成本要远远大于原材料比重较大的企业的向下调整成本。有学者在研究成本费用黏性时也发现资本密集度与SG&A和CGS显著正相关，而劳动密集度与销售费用和CGS总成本显著正相关。这个阶段，学术界关于资源调整成本对成本费用黏性的影响研究，主要还是关注总体调整成本对成本费用黏性的影响，并没有将调整成本按照投入资源的不同而具体细化，没有深入研究各种资源调整成本差异对成本费用黏性的影响。

随着研究的逐渐深入，学者们开始对各类资源的调整成本进行细化。有的学者探讨了资源调整成本中劳动力市场特征对企业成本费用黏性（非对称行为）的影响，专注于劳动力市场在管理者资源调整成本中的重要决定性作用。他们选取工会的议价能力、集中和协调程度、失业水平和就业立法保护水平这四个劳动力市场特征，来进一步研究管理者调整的劳动力资源受宏观劳动力市场（如政府政策、法规和工会等）的影响。劳动经济学领域普遍认为劳动力市场的失业率是受宏观经济因素影响的，劳动力市场特征也影响着企业的劳动力资源的调整成本。他们认为工会越强大，被裁的员工所获得的遣散费越多，企业的调整成本越大，成本费用黏性也就越大；工会的集中与协调程度较高时，工资水平不是由企业决定，而是由行业水平，甚至是经济水平决定，谈判双方也越容易达成一致的结果，能够迅速地对闲置资源向下调整，降低成本费用的黏性；国家政府的失业保险福利水平越高，工人越倾向于失业保险福利，而不关注企业的裁员，则企业临时裁员的调整成本会降低，企业的成本费用黏性就越小；国家的就业保护立法水平越高，企业就会将劳动力资源比例调整到最低，临时解雇员工所要支付的遣散费就越多，企业的调整成本增加，企业的费用黏性也就越大。实证结果表明，工会议价能力与企业成本费用黏性呈正相关关系，集中和协调程度与企业成本费用黏性呈负相关关系，失业保险福利水平和就业保护立法的严密性也对成本费用黏性有显著影响，劳动力市场特征系统的塑造能够很好地分析调整劳动力资源时所受到的企业外部因素的冲击。这个研究理论框架是建立在企业存在成本行为的基础上的，并且管理者对闲置资源进行成本决策是深思熟虑后决定的，在这些基本前提下，劳动力市场特征与企业成本费用黏性是显著相关的，劳动力资源的调整成本对企业成本费用黏性具有显著影响。

不同行业的资源调整成本各不相同，因此不同的资源调整成本会导致企业费用黏性存在部门差异性。资源调整成本对医疗行业的成本费用黏性变化起主导作用，因为资源需求对于相同公司的不同部门是高度相关的，而且调整成本在医疗行业的主要业务中处于核心地位。提供给病人的护理服务代表着一个医院的人力资源与专业核心技能，病人护理服务（如手术套房）作为医院的核心服务，很可能面临更大的资源调整成本，这归因于患者需要服务的频繁性和服务类型的不确定性，另外，招聘和培训专业医疗人员的成本费用远远大于辅助员工（如洗衣房）的成本费用，比如说护士、医生、技术人员等，医院管理者很难迅速调整人员编制和职位，此外，病人护理过程中的先进的设备（操作室、重症监护病房等），也很难在短期内进行调整，这类资源的调整成本较大，医疗卫生行业人力资源市场的性质也影响着调整成本的大小。基于医院各部门资源调整成本的差异，他们提出医院科室部门的成本费用黏性也是存在差异性的研究假设。实证结果证实了研究假设，他们首次对资源调整成本按照投入资源的类型进行具体细化，深入分析了投入资源调整成本的性质和差异性，最终验证了由资源调整成本差异导致的企业成本费用黏性的部门性差异。

国内学者针对这一影响因素也做了许多的尝试性研究，取得了一定的成果。国内学者用资源调整成本解释了契约观，解释了成本费用黏性的产生原因。当企业业务量下降时，如果企业管理者想要短期内削减资源成本，就必须考虑资源长期契约的较高调整成本，正是由于向上调整成本和向下调整成本的不对称性最终导致了成本费用黏性的产生。他们选取资本密集度作为调整成本的代理变量，但是实证结果发现，资本密集程度与费用黏性关系并不显著，未证实契约观的观点，他们的解释是我国公司高管可能存在机会主义行为。有学者选择用资源调整成本研究我国东部、中部和西部三大经济地区的差异性，来解释我国成本费用黏性的地区差异性。研究发现，西部企业费用黏性最大，中部企业费用黏性次之，东部地区企业费用黏性最小。这归因于劳动密集型企业多集中在西部和中部，所以西部和中部企业资源调整成本较高，最终导致这两个地区企业的费用黏性水平较高。虽然我国学术界也对资源调整成本对企业费用黏性的影响做了大量的研究，但是与国外研究相比，我国学者的研究还是仅停留在理论解释层面，不仅缺乏大样本的经验研究，而且也缺少对资源调整成本按照资源进行具体细化，这可能与我国资源调整成本的细化数据较难获取有关。

3.1.2　管理层预期与费用黏性

虽然资源调整成本对企业费用黏性具有显著影响，但调整成本并不能完全解释费用黏性的变化规律，经过国内外学者们的不懈研究，学术界又提出了企业费用黏性的另外一个影响因素——管理层预期。

管理层预期观点主要是基于效率观和有限理性假说提出来的。所谓效率观是管理学的基本观点，该观点认为企业经济业务波动的持续性和管理层的未来预期最终导致了费用黏性的产生。效率观认为企业的经济活动本身就是一种动态的、持续的过程，从长期经营层面来讲，企业的产量或销售量一般都会随着会计期间的延长而有所上升，所以效率观认为管理层往往更倾向于乐观预期，而不是悲观预期（Managerial Pessimism）。管理层乐观预期（Managerial Optimism）认为，企业短期内业务量的下降只是暂时性的，他们预期未来的产量或销售量会高于企业当期的产量或销售量，因此管理层不会立刻调整企业的资源配置。因为企业采取立刻削减约束性资源的决策，不仅需要支付额外的调整成本费用，而且由于管理层对未来业务量是乐观预期，当未来产量或销售量上升，企业恢复或重新获取这些资源时还需要支付额外的成本费用，而这些短期调整发生的费用是无效率的，只有在业务量持续变化时，相应的调整资源发生的所有费用才是有效率的。若企业当期的产量或销售量增加时，管理层乐观预期认为，企业未来的业务量存在持续增长的趋势，企业为满足未来需求需要增加对企业的资源投入，迅速做出大量增加承诺资源的成本决策，效率观认为这时的调整费用支出是有效率的。乐观预期的管理层所执行的上述成本决策往往会导致企业费用水平随着产量或销售量的变化而出现非线性的变动，出现费用黏性行为。效率观很好地解释了企业短期内费用黏性的变化规律。而对于对企业未来预期持有悲观态度的管理者而言，他们认为未来企业业务量具有下降的长期趋势，管理者会立刻削减约束性资源，最终导致企业费用黏性程度变小，甚至出现反黏性。

行为经济学的有限理性假说也支持了从管理者预期角度对成本费用黏性变化规律的解释。所谓有限理性（Bounded Rationality）假说，就是认为人在进行所有决策的过程中，往往都会受到主观和客观等多方面因素的制约和限制，比如获取信息的有限性和知识水平的限制等，这使得人们的实际决策与理性的预期目标无法保持完全一致，最终导致无法保持与现实条件下的最优化完全一致。相对于完全理性和完全不理性而言，大多数人选择决策都是有限理性的。因为现实中的决策面临许多的不确定性因素，比如决策目标的单一不确定性和决策时间的有限性等因素。有限理性假说的提出，有助于解释现实经济生活中无法完全解释的现象，它是行为经济学的理论基础。管理层预期是建立在企业管理者基于当期具体情况对未来成本费用进行决策的有限理性估计的基础上的，管理层预期包括乐观预期和悲观预期两种，其中管理层乐观预期是管理者乐观主义的一种表现形式，结合上文关于管理层预期和费用黏性关系的分析，有限理性假说也证明了管理层预期是费用黏性的重要影响因素。

ABJ（2003）实证研究发现，当宏观经济增长时，企业管理层更倾向于乐观未来预期，企业的费用黏性就增强。当宏观经济放缓时，管理层的乐观未来预期就会有所减弱，企业的费用黏性也降低。宏观经济增长期间的费用黏性大于宏观经济减缓期间的费用黏性。他们还选取企业连续两期营业收入是否持续下降作为管理层预期的另一个代理变量，研究结果显示，如果企业连续两年销售量持续下跌，管理层对企业未来业务量的乐观预期就会变弱，企业的费用黏性水平也会随之下降。

随着研究的深入，有的学者开始进一步研究管理层预期对费用黏性影响的作用机理。当企业高管对未来业务量的需求不确定时，若企业业务量下降，资源调整成本的存在使得企业高管保留多余的闲置资源；若企业业务量上升，企业高管不会立即增加承诺资源投入。乐观预期的管理层在业务量增加时，更倾向于立刻增加对企业的资源投入，扩大企业的生产能力，从而使得企业费用黏性水平提高；悲观预期的管理层在企业业务量减少时，更倾向于采取处置闲置资源的成本决策，迅速减少企业成本，最终导致费用黏性水平降低。他们的研究结果表明，管理层的乐观预期强化了企业的成本费用黏性，而管理层的悲观预期弱化了企业的成本费用黏性。他们不仅证实了自己的基本假设，而且还用管理层的悲观预期反驳了 Anderson 和 Lanen（2009）对"反黏性"①（Cost Anti-Stickiness）的质疑。

关于管理层预期对费用黏性影响的研究，学者们主要从管理者角度进行分析。面临销售额下降时，管理者认为下降是暂时的，并预期未来销售会反弹，因此管理层会故意持有资源，这样的行为从长远来看是正当的。如果未来企业销售额增加，企业就消除了应对销售下滑和销售增加时重新获得资源的成本，那么保持资源可能导致更低的成本，从而获得更高的利润。为了检验这一假说，学者们使用销售预测作为管理者对未来销售前景预测的衡量变量，并检验管理者的预测是否对成本费用黏性产生影响。关于日本企业费用黏性的理论包括两个观点：深思熟虑的决定论和成本调整延迟论。学者们通过使用日本企业在其财务报告中对未来时期的销售预测，试图测试故意决策理论，以期能够提供经验证据支持假说，即故意的管理决策是成本黏性的一个驱动力。他们选取东京证券交易所所有上市公司1991—2005年的年度财务数据，实证检验发现，SG&A黏性和管理者对未来销售增长前景的预期是显著相关的。换言之，即使目前的销售额正在下降，预测未来销售额将增长的管理者也会在短期内保持过多的资源，因为管理者更注重长期利润而不是短期利润，故意决策理论和成本调整延迟论都可以解释成本黏性理论。管理者对销售增长的乐观预期会导致企业成本费用黏性变大。

有学者将"成本费用黏性"的实证现象归因于调整成本的故意决策理论，这一理论解释了更加复杂的、不对称的费用黏性行为。他们在成本费用黏性主导研究的基础上，完善成本费用黏性理论和实证模型，研究管理者自由裁量权和资源调整成本的动态复杂关系，结合两个相反的过程：基于前期销售增长的成本黏性分析和基于当期销售减少的反成本黏性分析。乐观预期的管理者在当期销售增加时往往会加大资源投入，在销售减少时保留闲置资源；悲观预期管理者相反，只

---

① 成本费用反黏性是指成本费用随着业务量上升而增加的幅度小于随着业务量下降而减少的幅度的现象。

有在前期销售下降时，企业才有明显的闲置资源，前期销售增长的当期闲置资源少于前期销售减少的当期闲置资源。因此，前期销售增加导致成本费用黏性降低，前期销售减少导致成本费用反黏性增加。他们从这个理论出发，开发了一种类似于 ABJ 标准模型的新的成本费用黏性实证模型，研究销售对数变化和同期成本对数变化的分段线性关系，用两者的关系来衡量成本黏性或反黏性的程度，实证结果表明，统计数据支持了他们的假设。

大量的研究证实管理层预期是影响成本费用黏性的重要因素，成本黏性的主要驱动因素包括资源调整成本的幅度、管理层对未来销售的预期、在过去的一段时间内进行的闲置资源调整和管理激励。在研究管理层决策和资源调整成本之间的动态关系时，必须要考虑管理层对未来销售的预期，以及未来销售预期对未来调整成本的影响，这说明管理层预期是企业成本费用黏性必不可少的影响因素之一。

国外学者还研究了管理者有限理性假说的另外一种表现形式——管理者过度自信，将这种行为可能会对费用黏性水平的影响进行了实证分析。由于管理者在资源调整过程中拥有自由裁量权，因此管理决策对成本费用黏性具有重要作用，从管理者过度自信的角度对费用黏性行为进行解释。当销售额下降时，他们认为过度自信的机制优于平均效应和误差，将影响未来需求的管理者的评价，意味着过度自信的管理者会高估未来销售反弹的可能性，这将导致他们保持多余的资源，最终导致成本费用黏性增大。过度自信的解释不同于经济学解释。经济学解释主要是关注管理者在未来需求无偏预期和资源调整成本之间的权衡，而过度自信的解释反映了管理者对未来需求预期的正向偏差；过度自信的解释也不同于代理问题的解释，帝国构建理论认为管理者保持多余的资源，是为了私人利益（包括权力、地位、声望等）最大化，导致更大的费用黏性，而过度自信的管理者虽然和帝国构建管理者都有避免削减多余的资源的倾向，但过度自信的管理者是相信他们的成本管理决策有利于股东权益最大化的。因此，管理者过度自信对成本费用黏性具有显著影响。

我国学者也对管理层预期与成本费用黏性的关系进行了一定的研究。发现管理层乐观的预期与成本费用黏性水平显著相关。宏观经济 GDP 增长越快，管理层越倾向于乐观未来预期，企业的费用黏性就越强；而管理层的悲观预期与成本费用反黏性水平显著相关。

3.1.3　代理问题与费用黏性

代理问题（Agency Problem）最早源于 20 世纪早期，是由经济学家 Berle 和 Means 创新性地提出企业需要将所有权和经营权这两个权利进行分离的理论，他们认为所有者如果既掌握企业所有权，又掌握经营权，那么在企业发展过程中就会存在很大的弊端，比如所有者不具有经营公司的知识、经验和能力；企业所有者——众多股东存在"搭便车"行为等。他们第一次提出了委托代理理论，倡导企业将两权分离开来，有能力的管理者掌握经营权，企业所有者则保留自己的剩余索取权。但由于企业所有者和经营者存在利益不一致，1976年，经济学家詹森（Jensen）和麦克林（Meckling）提出了现代的代理理论（本书称之为代理问题），即委托者与代理者的目标函数并不完全相同，所有者（委托者）关注股东权益最大化或公司利润最大化，而管理者（代理人）不可能一直按照所有者的意愿或利益最大化进行企业管理，也会存在管理者为了自身利益最大化而无视甚至损害所有者利益的现象。代理问题一直以来都是学术界研究的热点，一些学者在研究时有时也将其称作"机会主义观"或"管理层自利行为"。

委托代理理论很好地解释了代理问题对企业费用黏性水平的影响。代理问题的观点认为，由于股东和管理层之间存在代理问题，管理层在进行企业成本费用决策时会偏离股东利益的最大化目标，存在管理层自利行为现象，这些自利行为往往会导致成本性态与公司资源的最优化出现不一致现象，最终导致企业费用黏性行为的产生。面对经济业务和经营风险的不断变化，代理问题认为管理者主要倾向于从薪酬和自身能够控制的资源这两个角度来维护自身的利益。当企业的产量或销售量增加时，管理层为了自身利益的最大化，会过度增加他们所能控制的资源，同时会大幅度地增加自己的薪酬；当企业产量或销售量下降时，企业管理层会规避减少或小幅度地减少自身所能控制的资源，同时也不会轻易降低自身的薪酬，避免影响自身在公司的利益和地位等，避免对他们未来的工作产生影响，这些使得业务量和企业费用变化存在非对称性，导致费用黏性行为的出现。从某种程度上来说，代理问题能够很好地解释绝大多数的企业费用黏性现象。

企业股东和管理层之间存在代理问题，存在代理问题的公司高管会更加关注自身利益最大化，而不是股东权益最优化。在业务量下降时，公司高管会规避大幅度减少（或小幅度的减少）自身所能控制的资源，同时也不会轻易降低自身的薪酬，为了避免影响自身的利益，公司高管也会做出保留闲置资源的费用决策，从而导致费用黏性的变化，因此，他们认为代理问题是产生费用黏性的重要因素之一。

管理层"帝国构建"行为对费用黏性的影响。这主要从帝国构建理论和公司治理的角度考虑了企业高管层面对成本费用黏性的影响，自由现金流是衡量由代理问题产生的管理者"帝国构建"理论的主要衡量变量，是指现金超过实际所需资金的全部可用的净现值为正的项目。当可用现金和前景增长不匹配时就产生了自由现金流（Jensen，1986）。自由现金流假说认为，当企业持有自由现金流水平较高时，企业管理者一般不会考虑采取支付股利等方式将现金流向股东，他们会优先选择将其用于投资决策，从而提高自己的企业绩效，而且大量的实证证据支持这一自由现金流假说。因此他们预测自由现金流水平提高时，企业会增加因管理者过度投资行为所产生的运营成本，导致更大的销售和成本的不对称性。相反，当自由现金流水平降低时，管理者的帝国构建的机会变小，为避免自己的利益受损，他们会响应需求减少而降低SG&A，导致成本费用黏性变小。他们还选取公司治理结构变量（如董事规模、两职分离情况等）对企业治理结构水平进行衡量，采用美国上市公司财务数据进行实证研究，发现良好的公司治理结构能够降低企业成本费用黏性水平。

公司"股权激励"对企业费用黏性的影响。总结近20年的绩效评价研究结果发现，企业都是通过检验盈余管理和现金流来评价管理者的会计绩效的，之所以广泛使用会计绩效作为奖励的依据，是因为实际收入增长和支出减少有利于股东财富最大化。他们提出在输入资源的重要部分能够创造未来价值，以及激励合同的主要目标是激励管理者增加这种支出而不是控制或减少它时，他们希望激励合同能够包含长期激励。结果表明，新的股权激励导致的投入资源的增加能创造出更高的未来价值；当输入资源支出创造出未来更高的价值时，公司提供新的股权激励机制，使管理者更有可能做出合理的输入资源支出决策。

公司治理对企业费用黏性的影响。公司治理能够缓解代理问题、抑制管理者通过损害股东利益而采取有利于自己利益行为的出现，他们假设公司治理越有效，企业成本费用黏性就越小。有研究选取1 500家企业1996—2005年的公司财务管理数据，选用自由现金流量（FCF）、首席执行官（CEO）的数量、任期和薪酬结构这四个变量来衡量代理问题和管理者帝国构建激励机制对成本费用黏性的影响。他们发现，自由现金流增加导致成本费用黏性增加；在位多年的CEO发生变化或者前一任CEO短期发生变化时，企业的成本费用黏性会降低；任期和风险报酬占总报酬的比例与企业成本费用黏性正相关，这些实证结果证实了他们的观点，进一步解释了成本费用黏性的横断面变化因素。实证研究还发现，公司治理较强的子样本的成本费用黏性比公司治理较弱的子样本的成本费用黏性要弱，证明公司治理的有效性能够降低企业费用黏性。

激励机制对企业成本费用黏性的影响。当销售下降时，因为未实现盈利目标的压力要大于销售下降的压力，所以存在激励机制使企业的管理人员更积极地削减成本，以期避免损失增加和盈利下降，以及满足金融分析师的盈利预测，这些资源调整决策导致企业成本费用黏性程度下降，在某些情况下，甚至导致成本费用黏性消失。总之，以满足盈利为目标的激励机制导致管理者刻意地执行资源调整决策，这降低了成本费用黏性的水平。面对以满足盈利为目标的激励，管理者会更倾向于减少冗余资源。即使他们对未来需求的预期是乐观的，或者这些资源可能是未来需求增长时所需的，换言之，以满足盈利为目标的激励会使得管理者放弃自己对未来销售的预期，降低成本费用黏性水平。研究结果有助于帮助我们理解由代理问题导致的，企业管理者如何故意选择成本管理决策来影响公司的成本费用黏性行为。

国外学者关于代理问题对费用黏性影响的研究日臻完善，我国学者也对代理问题与费用黏性的关系产生了浓厚的兴趣。我国学者从代理问题的约束成本角度——公司治理角度，解释了代理问题对费用黏性的影响，实证结果表明，制造业样本企业代理问题与费用黏性水平显著正相关；公司治理结构水平与费用黏性之间显著负相关，有效的公司治理结构能够降低企业费用黏性的水平。实证结果也验证了自由现金流量对企业费用黏性的影响，研究发现，企业自由现金流量越大，公司高管的代理问题越严重，企业的费用黏性水平越高。

3.2 费用黏性的经济后果

通常，成本费用管理都是以传统管理会计的成本性态理论为基础，粗略地将成本费用与业务量之间的变化假设为线性相关关系，而营业收入是企业盈利能力重要指标——利润的重要组成部分，因此费用率的增加一般会被理解为企业存在成本管理和公司治理水平低下的可能性。在企业基本面分析过程中，费用率的上升往往被认为是企业价值和未来盈利能力的负面信号。但随着费用黏性对成本性态理论的质疑，学术界开始重新考虑费用变化所反映的关于企业会计盈余能力和公司价值信息的信号，许多学者将财务会计的盈余管理作为费用黏性的经济后果进行研究。这些对黏性经济后果的研究不仅有助于丰富管理会计与财务会计两学科的交叉研究，而且还有利于探究费用黏性对分析师预测精度、盈余管理动机和会计盈余信息含量的影响，具有较高的理论研究意义和实用价值。

3.2.1 费用率的信息含量

费用率在国内外研究中所包含的内容并不完全相同。国外学者一般将销售费用、一般费用和管理费用（SG&A）统称为费用，而国内学者将销售费用和管理费用之和（也称为销管费用）称为费用，选取SG&A或销管费用与营业收入的比值作为费用率。所以，费用率的上升往往被认为是企业价值和未来盈利能力的负面信号。这一观点最早是由Lev和Thiagarajan在1993年提出来的，他们选取了投资者普遍认为比较关键的12个会计项目，并对这些会计项目进行增量价值相关性的一系列研究，研究结果表明，几乎所有测试年份的SG&A费用率的增加都会对企业下一期盈余产生负面的作用。但是1997年，Abarbanell和Bushee对Lev和Thiagarajan（1993）的研究成果进行再一次检验时，实证结果表明，SG&A费用率的变化与下一期盈余的变化在统计学角度完全不显著相关。这是因为将SG&A费用率的增加看作对企业盈余不好的信号是有一定前提假设的，而这一前提假设就是SG&A会随着业务量的变化而同方向等幅度的变化。但由于ABJ证实了费用黏性的存在，学者们有必要重新考虑Lev和Thiagarajan（1993）与Abarbanell和Bushee（1997）的研究成果。2007年，Anderson等从费用黏性存在的视角重新对Lev和Thiagarajan（1993）与Abarbanell和Bushee（1997）的盈余预测模型进行了实证研究，考虑了费用黏性与会计盈余信息含量的相关性，研究结果表明，当销售额降低时，企业SG&A费用率变化与公司下一期盈余变化是显著正相关的；而且如果投资者投资那些在这种情况下仍提高SG&A费用率的企业时，投资者反而能够获取正的超常投资回报率，这一研究结论推翻了提高SG&A所占营业收入的比例是公司未来盈余能力的不好信号这一结论。Anderson等还从资源调整成本和管理层预期的角度分析了出现这种情况的原因，当公司营业收入下降，管理层预期公司未来营业收入会增加时，管理层会保留企业的闲置资源以避免调整成本的出现，这些会导致公司SG&A费用率的上升。Baumgarten、Bonenkamp和Homburg（2010）将公司前期的SG&A水平与行业费用平均水平进行比较，高于行业平均水平的样本企业被认为费用控制是有效的，而低于行业费用平均水平的样本企业被认为费用控制是无效的。实证结果表明，费用控制有效的样本企业SG&A费用率的增加对企业未来盈余变化具有明显的、积极的作用。

3.2.2 考虑费用黏性的盈余预测

国外学者最先开始研究费用黏性对盈余预测的影响。Rajiv D. Banker、Lei（Tony）和Chen（2006a）最先考虑到了费用黏性对成本性态理论的质疑，进而研究费用黏性对公司会计盈余预测的深层次影响。他们选取Compustat数据库8 771家样本公司在1992—2002年期间的数据，为了能够根据对成本行为模型的描述有效性来评估企业的利润预测，他们建立了一个考虑了成本费用黏性的盈余预测模型（CVCS模型）。尽管有人提出了成本行为对公司盈利能力有重要性影响的见解，但很少有人在承认成本与销售关系的基础上，系统地研究模型对未来利润的预测能力。按照成本性态理论，销售收入是公司利润的重要来源，可变成本会随着业务量的增减而增减，他们将会计盈余预测模型分为随着销售额变化而同幅度变动的模型，以及不随着销售额变动的模型。因此，预测模型是建立在可变成本随销售额变化的CV模型和成本存在黏性（Anderson等，2007）CS模型的基础上的。他们承认企业存在着费用黏性行为现象，不对称的成本行为导致不对称的决策，如调整成本的存在，当销售收入下降时，管理者预期销售会反弹而延缓做出削减成本的决策等。为了检验CVCS模型的评估预测能力，他们选取未来一年期的预测投资回报率，与基于损益表的营业收入和非营业收入盈余的时间序列模型（OPINC模型）和基于现金流量表中自由现金流和应计项目盈余的时间序列模型（Cashflow模型）相比较发现，他们的模型对财务报表的预测精度远远高于其他两个模型。虽然传统分析师的盈利预测在财务信息和非财务信息采集与处理方面有很强的优势，但在充分竞争的市场条件下，新模型对股票异常收益的预测误差要远远小于其他两个基于财务报表的模型的预测误差。该文献证实了成本费用黏性对企业盈余预测的重要性，有利于盈余预测模型的进一步完善，利用CVCS模型进行预测时能够获取更多的未预期会计盈余信息含量。

Dan Weiss（2010）的研究思路不同于 Banker、Lei 和 Chen（2006a），而与Anderson 等（2007）类似，直接探讨企业成本费用黏性行为对分析师盈利预测的影响。他认为成本费用黏性是影响分析师预测准确性的重要因素。传统的管理会计将成本行为视为管理者利润分析的重要组成部分，金融分析师在未来盈利预测过程中预测企业成本行为，因此成本行为是盈利预测的重要组成部分。基于此，他们创新性地探讨了企业的成本行为和分析师盈利预测的潜在关系。在销售下降时，成本费用黏性较高的企业的收益率降低程度要大于成本费用黏性较低的企业，因为较高的成本费用黏性意味着企业进行较小的成本调整，成本的节约水平较低，导致收入的下降幅度变大，企业的收益率下降，使得企业的盈利预测变得不准确，即成本黏性水平越高的企业的分析师的盈利预测就越不准确。他们选取2 520个样本公司 1986—2005 年的财务数据，总计 44 931 个季度观测值进行实证研究，将成本费用分为有黏性和无黏性两类，调查结果显示，具有成本费用黏性公司的分析师盈利预测精度要比不存在黏性行为企业的分析师预测精度平均低25%，结果表明，黏性成本行为降低了分析师盈利预测的精度。他们还发现成本费用黏性较高的公司有较低水平的分析师数目、可用信息的控制程度、环境的不确定性程度和研发支出的强度，这就意味着企业的成本费用黏性行为影响盈利预测分析的覆盖优先级。投资者通过盈利公告认识到成本费用黏性在一定程度上能够影响盈利预测的精度，那么企业较高的成本费用黏性会导致投资者对盈余预测较低的依赖程度。他们的研究将管理会计的成本费用黏性，与财务会计的分析师盈利预测的精度、分析师数目和市场对未预期盈余的反应进行学科交叉研究，为管理会计和财务会计的交叉研究构建了平台。

相对于国外学者，我国学者对费用黏性经济后果的研究较少，专门研究费用黏性对盈余预测影响的文献也很少。孙文兵、李心合和段志翔（2012）为提高我国企业会计数据的可比性，选取 2 652 家沪深 A 股样本企业 2007—2009 年的财务数据，在证实样本企业费用黏性存在的基础上，选取 2008 年的财务数据为估计样本，对样本企业 2009 年的会计盈余进行预测，并与样本 2009 年的实际利润进行对比，分析盈余预测模型的预测准确性。他们在考虑费用黏性的基础上建立盈利预测模型（CS模型），并与基于利润表和现金流量表等会计报表的 ROE 模型、OPINC 模型和 CASHFLOW 模型同时进行预测能力比较，发现 CS 模型的盈利预测精度远远大于其他三类传统预测模型，盈余预测误差也显著小于其他三类模型。

3.3 中外企业费用黏性研究比较

通过对上述相关研究文献的回顾、归纳和总结，可以看出，自国外学者ABJ（2003）创新性地提出了费用黏性的概念后，学术界才开始关注费用黏性这一领域的相关研究。可以说费用黏性的提出直接质疑了传统管理会计的成本性态理论，颠覆了多年来学者们认同的成本与业务量之间单一的线性变化规律模型，使得企业的成本习性变化规律能够更加合理地解释企业日常经营的实际情况，也便于企业管理者从实务角度更好地掌握公司的成本费用变化规律。

本书在梳理国内外费用黏性影响因素研究结论的基础上，采用学术界公认的Banker等（2011、2012）的观点，从资源调整成本、管理层预期和代理问题这三个角度对费用黏性的影响因素进行归纳和总结。由于费用黏性的存在打破了基本面分析的成本性态前提假设，因此学者们也开始质疑传统的基本面分析理论，开始重新验证企业费用率的增加是否是公司未来盈利能力和公司价值信息的不利信号，从而提出将财务会计的盈余管理作为费用黏性的经济后果进行研究。在考虑费用黏性的基础上对公司未来盈利能力进行预测，发现基于费用黏性的预测模型（CVCS模型）比传统的基于财务报表的三种预测模型具有更高的预测精度，预测结果和实际情况具有更低的预测误差。这一系列关于费用黏性的相关研究还具有重要的实用意义，有利于管理者有效控制公司的各项成本费用变化，进一步深挖成本信息所能反映的企业内部和外部的各种影响因素，最终深度剖析成本费用信息对企业未来盈余的多种影响，为企业利益相关者（比如投资者等）的投资决策提供一定程度的指导和帮助。虽然国内外的费用黏性相关研究取得了前所未有的成果，也开启了管理会计与财务会计等学科交叉研究的先河，但中外费用黏性在研究深度、层次等方面存在一些相同和不同之处。

（1）中外费用黏性研究的区别

国内外学者关于费用黏性的研究深度和层次并不相同。国外学者最先研究费用黏性，从最早的对费用黏性的存在性的验证，到费用黏性特性的研究和形成动因的分析，再到费用黏性影响因素的多角度分析，最后到费用黏性经济后果（如考虑了费用黏性的盈余预测）的剖析，费用黏性一直是国外学术界研究的热点。而国内对费用黏性的研究仍然停留在初级阶段，主要还是集中于费用黏性的存在性、特性与差异性和部分影响因素的研究。相比于国外学者对费用黏性研究的如火如荼，国内学者的研究仍旧深度不足。比如相对于资源调整成本、管理层预期，我国绝大多数学者关于代理成本与企业费用黏性之间关系的研究文献较多，这和我国企业总体管理水平远远低于国外发达国家企业有关，且对代理问题研究的深度不够，往往只集中在部分行业或者部分性质的企业中，实证结果说服力有待于进一步考证。

为了更加直观地反映国内外研究的现状，本书从知网等中文数据库和外文数据库检索了费用黏性的相关文献。为了突出费用黏性研究的深度，国外文献的选取主要集中在 CAR、JAR 和 JAE 等期刊，而国内文献主要集中在《管理世界》、《经济研究》和《会计研究》等期刊，同时还选取了国内关于费用黏性的硕博学位论文，最终整理出 2003—2014 年国内外费用黏性的相关研究成果数合计，见表 3-1。

表 3-1　　　　　　2003—2014 年国内外费用黏性相关研究文献数合计

研究文献	2003 年	2004 年	2005 年	2006 年	2007 年	2008 年	2009 年	2010 年	2011 年	2012 年	2013 年	2014 年
国外文献	2	1	1	2	1	2	0	1	4	1	2	1
国内期刊文献	0	1	0	1	1	0	1	0	3	2	3	1
国内学位论文	0	0	1	0	1	0	1	1	3	5	7	6
国内合计	0	1	1	1	2	0	2	1	6	7	10	7

从表 3-1 中不难看出，国外费用黏性研究从 2003 年 ABJ 首次提出费用黏性开始，基本每年都会有相关的研究成果发表在学术前沿期刊上，这说明费用黏性一直是国外学术界研究的热点问题，同时也表明国外学者对费用黏性研究的深度和层次也在不断地拓展；国内费用黏性研究始于 2004 年孙铮和王浩在《经济研究》上发表的论文，2006 年、2007 年和 2009 年分别仅有一篇高质量期刊论文发表，而且这一阶段的论文主要关注费用黏性的基本情况，比如费用黏性在我国企业的存在性、特性和差异性，停留在费用黏性研究的初级阶段，这一阶段我国学者们还没有广泛地关注费用黏性的研究。到了 2011 年，我国关于费用黏性的论文迅速增加到 3 篇，学位论文也开始增加到 3 篇，而且在接下来的 3 年持续增加，这是由于我国学术界开始高度关注费用黏性的重要性，而且这一阶段费用黏性的研究主要集中在影响因素分析阶段，由于我国企业整体管理水平低于西方发达国家企业，因此代理问题等对费用黏性的影响比较显著，获得了大量的实证研究成果。学位论文的增加也说明学者们已经意识到了费用黏性的理论研究意义和使用价值，但是从期刊论文的质量来看，整体质量水平并不高，而且许多研究的深度和广度并不够，许多研究只是考虑了部分行业和部分性质的企业，缺乏系统的研究。

（2）中外费用黏性研究的相同点

①国内外学术界对费用黏性影响因素的研究仍旧缺乏系统性和全面性。国

外学术界虽然在费用黏性研究方面做了大量的深度研究，也取得了丰硕的成果，但其实证研究样本大部分都是针对公司规模较大的公众公司，很少有文献对中小规模企业进行研究。但是两类性质的企业在成本管理方面存在很大的差异，中小规模企业的管理层决策的能力水平和公司治理水平等方面都显著区别于公众公司，考虑到两者在公司治理结构、公司治理模式和产权结构等方面的差异性，对于大型公众公司的费用黏性研究成果不一定能够适用于中小规模非公众公司的实际情况。国外学术界关于费用黏性的一系列研究成果未必具有普遍性，需要更加关注对中小规模非公众企业费用黏性的深入研究。国外在研究资源调整成本对费用黏性的影响时，只是简单地考虑了资源调整成本会导致费用黏性的产生以及变化规律，但没有系统、全面地分析除了资源调整成本以外，其他的因素（如宏观经济、市场竞争等）对企业费用黏性的影响，没有系统地考虑宏观经济因素和微观企业行为之间的关系，无法全方位地考虑企业内外共同影响费用黏性的因素，缺乏一套系统的理论研究框架来对费用黏性的影响因素进行全面分析研究。另外，在对费用黏性经济后果——盈余管理的研究方面，学者们并没有考虑到需要区分费用黏性的形成原因，没有进一步探讨不同费用黏性成因对费用黏性信息的传递作用的差别影响，也没有考虑不同的成本费用成因对会计盈余管理的差别作用，这需要在未来研究中进一步细化分析，增强实证结果的说服力。

国内学者对于费用黏性的研究更加缺乏系统性和全面性，国内关于费用黏性的研究文献依旧相对较少。继我国最早提出费用黏性的孙铮和刘浩后，其他学者只是从机会主义观角度认为代理问题对我国费用黏性有影响，但并没有通过实证研究进行证明。如刘武（2006）、孔玉生和朱乃平等（2007）分别实证分析了我国费用黏性的行业性差异，以及费用黏性的特性（反向性和反转性），还分析了企业性质（如公司属于资本密集型还是劳动密集型）对企业费用黏性行为的影响。曹晓雪等（2009）研究了部分企业（主要是中央企业）由于国家政策法规变更对企业费用黏性变化规律的显著影响。直到2010年，万寿义与王红军才开始尝试研究代理问题中的高管自利行为对我国企业（以制造业企业为例）费用黏性变化规律的影响，自此，国内学者开始大规模地研究代理问题对费用黏性行为的影响。但这一阶段的研究仅仅针对代理问题与费用黏性的关系，而很少有文献深入研究资源调整成本、管理层预期与费用黏性的关系，这方面相对于西方学术界更加落后和存在缺陷。这一方面是由于我国缺失这部分数据，另一方面也与我国企业治理水平远远落后于发达国家企业有关。

②国内外关于费用黏性影响因素的研究多为单一因素分析，缺乏多种因素共同分析。绝大多数研究文献都是从企业管理者的层面考虑影响因素的，需要特别注意的是，费用黏性的影响因素并不是单独导致费用黏性产生的，而绝大多数情

况是多种影响因素共同作用的结果。因此在分析费用黏性的影响因素时，必须系统、全面地分析，不仅要考虑资源调整成本，还要考虑管理层预期和代理问题对费用黏性的影响，而且需要考虑行业和公司性质对费用黏性的影响，也需要关注地区要素市场的发育程度、宏观经济趋势、行业竞争程度等对费用黏性变化规律的影响，这样才能够全方位、立体地剖析企业内部和外部因素对费用黏性的影响。

总之，国内外关于费用黏性影响因素和经济后果的研究仍然需要更长时间地深入探究，来进一步丰富费用黏性的相关理论，以及加强与其他学科的交叉研究，这对于费用黏性的研究具有极其重要的理论意义和实用价值。

4 我国企业费用黏性影响因素的研究框架

4.1 "宏观经济与微观企业"研究框架的提出

针对企业费用黏性的研究往往只偏重微观因素的影响，而忽视了宏观因素的影响，本书对企业费用黏性宏观影响因素进行了大胆的创新和发展，主要是受基于饶品贵和姜国华（2011）创建的宏观经济政策与微观企业行为相互作用为基础的会计与财务研究框架的启发。

首先，我们要明确"宏观经济政策与微观企业行为"互动的研究框架提出的必要性。它主要是针对最近几十年来，国内外会计学术界选题范围比较狭小、研究内容缺乏创新性、研究手段比较单一，以及逐渐形成的围绕会计期刊的"学术圈"等研究现状提出来的，为会计学者们提供了新的研究思路和研究方向。

众所周知，1968 年国外学者 Ray Ball 和 Philip Brown 在 Journal of Accounting Research 上发表了极具历史意义的文章——An Empirical of Accounting Income Numbers，打破了基本都是规范性研究的传统会计研究方法，从此开启了国际会计学实证研究的先河，首次将财务会计的数据与资本市场的指标相结合进行研究，为之后学者们的财务会计实证研究奠定了坚实的基础。他们的研究方法也一直被国内外学术界当作主流的研究方向。但是，随着国际社会经济的迅猛发展和财务会计理论的丰富和拓展，当 51 年后再次回顾 Ray Ball 和 Philip Brown（1968）的研究成果对会计研究的贡献时，许多资深的专家和学者们却开始逐渐对这一国际主流研究方法表示出质疑和担忧。因为最近这 50 多年的国际学术界的财务会计研究都往往以 Ball 和 Brown 的研究方法为模板，选题范围比较狭小，具体研究方法也较单一，会计相关理论研究缺乏学术创新性，甚至还出现了国内外学者将其视为在高水平期刊发表文章的"敲门砖"的现象，这些都制约了国际会计研究的全方位、多角度的发展和拓展。

在当今的全球化市场经济阶段，企业各项会计业务随着社会经济的发展而不断增加，会计实务也日趋多元化、多样化，包括财务会计在内，会计信息系统和资产评估等经济业务都开始逐渐增多。同时，会计实务也与许多其他领域（如企业战略管理、公司治理、社会责任等）存在着千丝万缕的联系，都具有极其重要的理论研究价值和实用意义。因此，会计实务领域所涉及的范围非常广，不仅包括自身领域的新型业务往来和理论拓展，还包括财务会计与其他领域的交叉研究等。但是在学术界仍然是资本市场指标与财务会计数据相关关系研究文献占绝大部分比重，而对其他的研究选题关注度不够，甚至被冷门化。在文献的研究方法方面，从最早的以规范研究为主，已经发展到以实证研究为主，其他研究方法（如问卷调查法和实地考察法等）所占比重少之又少，研究方法的单一化，不利于会计研究的系统性和全面性，不利于对会计领域研究的拓展。

表4-1是按选题对《会计评论》所有刊登文章进行的汇总。

表4-1　　　　　　　按选题对《会计评论》所有刊登文章进行汇总

年　份	财务会计文章	其他文章	文章数总计	财务会计文章所占比重	其他文章所占比重
1926	8	37	45	17.8%	82.2%
1936	14	24	38	36.8%	63.2 %
1946	16	45	61	26.2%	73.8 %
1956	14	59	73	19.2%	80.8 %
1966	15	73	88	17.0%	83.0 %
1976	46	58	104	44.2%	55.8 %
1986	22	21	43	51.2%	48.8 %
1996	17	10	27	63.0%	37.0 %
2006	26	9	35	74.0%	26.0 %
合　计	178	336	514	34.6%	65.4 %

资料来源：Brad Tuttle 和 Jesse Dillard（2006），从美国会计协会在线索引 www.aaahq.org 整理得到。

Brad Tuttle 和 Jesse Dillard（2006）对全球公认的会计权威期刊《会计评论》（The Accounting Review）所有发表的财务会计论文和其他会计论文进行了统计和比较分析，时间范围从1926年创刊到2006年。他们首先每10年汇总一次，见表4-1。他们发现《会计评论》所有发表的文章具有三个阶段的发展趋势：1926—1966年，财务会计选题的论文数量从8篇逐渐增加到15篇，所占比重从17.8%增加到36.8%后逐年呈下降趋势，而其他会计选题文章数量不断增加，所占比重也维持在80%左右，可以说这个阶段会计研究的选题是具有多样性的，研究方法也是多种多样的。1966—1976年，财务会计选题论文迅速增加到46篇，所占比重跳跃式地增加到44.2%，而其他会计选题文章所占比重降到55.8%，这主要是因为Ray Ball和Philip Brown（1968）打破了基本都是规范性研究的传统会计研究方法，首次将财务会计的数据与资本市场的指标相结合进行研究，开启了国际会计学实证研究的先河。1976—1986年，财务会计选题文章和其他文章的数量都迅速下跌，总文章数量从104篇降到了43篇，这是因为20世纪70年代到80年代，期刊的编辑和编审们对文章报表的研究期间进行了强制性的人为规定（Kinney，1992），另外期刊社还出现排斥在读或非权威院校博士研究生文章的现象。1986—2006年，财务会计选题文章数量没有太大变化，但其他会计选题文章却直线下降到9篇，比重也下降到仅为26%，而财务会计选题文章比重增加到74%，财务会计选题所占比重过大，这是非常不合理的，不利于审计、会计信息系统、政府与非营利组织会计、国际会计等其他会计领域研究的发展。

Stone（2002）提出了"五大会计研究期刊"的汇总：Accounting, Organizations and Society（AOS）、The Accounting Review（TAR）、Contemporary Accounting Research（CAR）、Journal of Accounting & Economics（JAE）和Journal of Accounting Research（JAR）。他研究发现，1993—2000年，其他会计选题文章所占比重只有55.4%，而且这部分文章作者多为非美国的研究人员。因此Stone的研究成果明显夸大了非财务会计选题文章在美国会计期刊中所占的比重。另外，他们还发现CAR在增加其他会计研究选题的趋势下，非财务会计文章所占比重也只有42.8%。正是由于美国会计研究期刊的这种趋势，使得学者们更加专注于财务会计领域在高水平期刊上的竞争力。

其次，他们对1966—2005年所有在美国经济协会获奖的文章进行了选题分类，每10年进行一次汇总，见表4-2。40年里有40多个奖项授予了财务会计文章，而其他选题（如审计、管理会计、税务会计、会计信息系统等）文章仅仅获得13个奖项。财务会计选题获奖文章所占比重从70%增加到91.7%，而其他选题的比重从30%直线下降到8.3%，可见，美国会计研究选题更趋向于财务会计范围，选题范围变得更加狭窄。

表4-2　美国经济协会获奖文章按照财务会计选题与其他选题进行分类汇总

年份区间	财务会计选题文章	财务会计选题文章所占比重	其他选题文章	其他选题文章所占比重
1966—1975	14	70.0%	6	30.0%
1976—1985	9	75.0%	3	25.0%
1986—1995	9	75.0%	3	25.0%
1996—2005	11	91.7%	1	8.3%

资料来源：Brad T，Jesse D. Beyond Competition：Institutional Isomorphism in U.S. [J]. Accounting Research，Accounting Horizons，2006.

假设美国经济协会的奖项能够有效地提升研究机构、学校的知名度和个人的威望，那么科研机构、学校和学者们会更加关注获奖可能性更大的研究领域和研究方法，这使得整体学术界的注意力更加关注财务会计领域，为了获得奖项的提名，提高研究机构、学校和个人的知名度和威望，学者们更加倾向于选择在权威性会计期刊发表文章，因此参评文章的选题范围局限于权威期刊的选题范围，使得参评文章缺少对管理会计、内部控制和会计信息系统等其他方面选题的探讨。这些做法导致设置该奖项的美国会计协会沦为提升知名度和威望的机构，而不再是综合促进会计研究多领域、多视角、多种研究方法并存的机构。

再次，由于社会科学研究网（SSRN）为不同科研机构、学校和学者们的交流提供了良好的平台支持，许多研究都是在回顾、总结和归纳研究文献的基础上开始的。随着时间的推移，越来越多的研究机构将下载次数和比重纳入自身的绩效评价体系，完全接受了 SSRN 下载统计的有效性，SSRN 下载统计也成为众多学者判断学术热点的重要标准。所以，SSRN 下载次数的统计能够在一定程度上反映出学术界对某领域的关注程度。如表4-3所示，他们统计了至2006年4月23日前60日内 Accounting Research Network（ARN）的十大下载文献，并与他们自1994年以来在 SSRN 的所有下载次数和下载次数所占比重进行对比。结果明确显示财务会计文献占绝对的主导地位，在数量和比重方面都远远高于其他会计研究文献，这再次证明了会计学术界的研究过于偏重财务会计研究领域。

表4-3　　　　　　财务会计文章与其他文章SSRN-ARN下载次数对比

年　份	财务会计文章	财务会计文章下载比重	其他文章	其他文章下载比重
自1994年以来 SSRN 电子图书馆所有论文的下载次数	95 983	68.3%	44 566	31.7%
ARN 最近60天（截至2006年4月23日）所有文章的下载次数	2 056	84.2%	385	15.8%
合　计	98 039	68.6%	44 951	31.4%

资料来源：BRAD T，JESSE D. Beyond Competition：Institutional Isomorphism in U.S. ［J］. Accounting Research，Accounting Horizons，2006.

最后，他们将1995年和2005年美国会计论文的选题进行针对性对比，见表4-4，财务会计论文数量从75篇减少到69篇，数量没有显著的变化，但所占比重却从40.5%一跃提高到70.4%，其他选题论文数量从110篇降到只有29篇，比重也从59.5%降到29.6%，总体文章数量也从185篇下降到98篇，降低幅度较大。从表4-4中可以很明显地看出，财务会计论文和其他论文所占比重发生了翻天覆地的变化，财务会计领域的论文占绝大多数，实证研究方法也是美国学术界的主流研究方法。

表4-4　　　　　　1995年与2005年美国会计论文的选题对比

年　份	财务会计选题文章	财务会计选题文章所占比重	其他选题文章	其他选题文章所占比重	文章合计
1995	75	40.5%	110	59.5%	185
2005	69	70.4%	29	29.6%	98
合　计	144	50.9%	139	49.1%	282

资料来源：Brad T，Jesse D.Beyond Competition：Institutional Isomorphism in U.S. ［J］.Accounting Research，Accounting Horizons，2006.

通过以上分析发现，期刊的选题、获奖论文的选题、数据库的选题等都倾向于财务会计领域，所占比重也占绝对主导地位。这种发展趋势也会导致任职和晋升的标准向这方面倾斜，这些都限制了审计、管理会计、政府与非营利组织会计、国际会计和税务会计等其他会计研究领域的发展。

另外，由于国内外学术界的学者们将注意力都集中于如何在会计期刊发表论文，所以他们更倾向于选择被杂志社重视的研究课题和易于被录用的研究方法。这使得学术界逐渐形成一个围绕会计期刊的、学术氛围沉闷的、研究领域狭小的"学术圈"。这种现状阻碍了会计相关理论研究的学术创新。最近十几年来，国内外高校及科研机构的学者们所面临的科研压力越来越大，导致他们更加高度关注高级别的期刊。而实际情况是会计研究高水平的期刊较少，且存在各自的期刊风格，对于选题范围、研究方法、研究价值等都有一定的选择和偏好，无法对不同类型的文章进行公平的筛选。迫于科研的压力，学者们不得不放弃自身所关注的研究领域和研究方法，选择期刊所偏好的选题范围、研究方法和研究热点，这些都将最终导致会计领域的研究被束缚。整个学术圈研究与实践活动相脱节，思路仅仅停留在几个研究理论上，研究手段也局限在几种研究方法上。

Chow C、Haddad K、Singh G和Wu A（2007）做了一项研究，对TAR、JAR和JAE三大高水平期刊的论文与其他17家会计期刊的论文进行分析，选取这20家会计期刊1997年发表的论文，统计其在之后8年里被引用的次数，具体见表4-5。TAR、JAR和JAE这三大高水平期刊的论文被引用次数的平均数和中位数都远远大于其他17家整体会计期刊的论文，但各家被引用论文的数量仅有20多篇。而其他17家会计期刊中有的期刊论文引用数量多达69篇，被引用论文次数的相对标准有时还高于三大高水平的期刊论文。正如前文提到的那样，论文的引用频率能够在一定程度上反映学术界对该领域的关注程度，同时也能真正地衡量该期刊对会计领域研究的贡献，但是将文章是否发表在高水平期刊作为评判论文研究价值和使用意义的标准，就显得尤为不合理和不全面。只有改变现在固有的科研评判制度，才能够真正解开会计研究的束缚，才能调动学者们的研究积极性，才能为学术研究营造良好的研究氛围。

表4-5 　　　　　20家会计期刊文章8年里被引用的次数统计汇总

期刊名称	被引用次数的平均数高于全部文章被引用次数的平均数		被引用次数的中位数高于全部文章被引用次数的中位数		被引用次数的相对标准高于三大会计期刊的被引用次数		文章总数
	是	否	是	否	是	否	
JAE	77.8%	22.2%	81.5%	18.5%	44.4%	55.6%	27
JAR	66.7%	33.3%	90.5%	9.5%	38.1%	61.9%	21
TAR	66.7%	33.3%	83.3%	16.7%	45.8%	54.2%	24
三大期刊合计	70.8%	29.2%	84.7%	15.3%	43.1%	56.9%	72
Abacus	0	100%	27.3%	72.7%	0	100%	11
ABR	13.6%	86.4%	36.4%	63.6%	0	100%	22
AH	28.2%	71.8%	48.7%	51.3%	12.8%	87.2%	39
AOS	52.5%	47.5%	77.5%	22.5%	32.5%	67.5%	40
Auditing	28.6%	71.4%	42.9%	57.1%	7.1%	92.9%	14
BRIA	9.1%	90.9%	45.5%	54.5%	0	100%	11
CAR	24.0%	76.0%	52.0%	48.0%	12.0%	88.0%	25
IAE	6.7%	93.3%	16.7%	83.3%	0	100%	30
JAAF	15.8%	84.2%	47.4%	52.6%	15.8%	84.2%	19
JAL	25.0%	75.0%	100%	0	25.0%	75.0%	4
JAPP	18.7%	81.3%	37.5%	62.5%	18.7%	81.3%	16
JATA	0	100%	14.3%	85.7%	0%	100%	14
JBFA	14.5%	85.5%	37.7%	62.3%	7.2%	92.8%	69
JIS	16.7%	83.3%	33.3%	66.7%	0	100%	6
JMAR	71.4%	28.6%	100%	0%	57.1%	42.9%	7
NTJ	19.4%	81.6%	32.7%	67.3%	6.1%	93.9%	49

续表

期刊名称	被引用次数的平均数高于全部文章被引用次数的平均数		被引用次数的中位数高于全部文章被引用次数的中位数		被引用次数的相对标准高于三大会计期刊的被引用次数		文章总数
	是	否	是	否	是	否	
RAS	20.0%	80.0%	46.7%	53.3%	20.0%	80.0%	15
其他17家期刊合计	21.2%	78.8%	43.7%	56.3%	11.3%	88.7%	391
20家期刊合计	28.9%	71.1%	50.1%	49.9%	16.2%	83.8%	463

资料来源：Chow C，Haddad K，Singh G，et al. On Using Journal Rank to Proxy for an Article's Contribution or Value [J]. Issues in Accounting Education，2007（22）：411-427.

注：Abacus：Abacus；ABR：Accounting and Business Research；AH：Accounting Horizons；AOS：Accounting，Organizations and Society；Auditing：Auditing：A Journal of Practice & Theory；BRIA：Behavioral Research in Accounting；CAR：Contemporary Accounting Research；IAE：Issues in Accounting Education；JAAF：Journal of Accounting，Auditing and Finance；JAE：Journal of Accounting and Economics；JAL：Journal of Accounting Literature；JAPP：Journal of Accounting and Public Policy；JAR：Journal of Accounting Research；JATA：Journal of the American Taxation Association；JBFA：Journal of Business Finance and Accounting；JIS：Journal of Information Systems；JMAR：Journal of Management Accounting Research；NTJ：National Tax Journal；RAS：Review of Accounting Studies；TAR：The Accounting Review.

我国会计领域研究也缺乏创新性，我国学者的许多研究也倾向于财务会计领域，选题范围比较单一，研究手段也偏好于经济学的实证研究方法，也关注数据库论文的下载和引用次数等。我国会计研究的方式依旧停留在借鉴的基础之上，缺乏自己理论方法的首创性。由于科研机构和高校的科研压力逐年增长，我国学术界的研究重心也逐渐开始向期刊倾斜，选题范围和研究方法也受制于各大会计期刊的编辑和编审的偏好。对于一些不被期刊喜好的研究领域，许多学者都丧失了对它们的研究激情，缺乏创新。

针对国内外会计学术界选题范围比较狭小、研究内容缺乏创新性、研究手段比较单一的研究现状，姜国华和饶品贵首次创建了新的研究框架：基于宏观经济政策和微观企业主体行为相互作用的研究框架，为会计学者们提供了新的研究思路和研究方向，将原本无交集的经济学宏观经济政策与财务会计学微观企业行为进行学科交叉研究。将这一研究框架逐渐应用于会计学者们的学术研究，有助于拓展微观层面企业行为研究的视野，也有助于在宏观层面发挥宏观经济政策的指引作用，为系统、全面、多角度地进行会计研究发挥应有的作用，并做出一定的贡献。

4.2 宏观经济政策与微观企业行为相互作用的研究框架

姜国华和饶品贵（2011）关于宏观经济政策和微观企业行为之间关系的研究，主要是受他们的教学经历和社会实践经验的启发。他们列举了三个引发思考的事例：第一个是在教学过程中，学生们更加关注如何在公司绩效评价和盈余预测过程中反映财务会计数据指标的量化和变动的影响；第二个是企业或个人在进行投资决策时，无法将宏观经济政策变化与投资方案选择的关系进行具体量化，投资者长久以来都无法获取宏观经济政策对被投资企业盈利能力的影响的量化分析；第三个是学术界关于央行利率调整与股票市场股价变动直接关系的实证研究的匮乏。这三个事例反映出我国学术界缺乏针对两者具体关系以及公司业绩之间相互联系的理论探讨。经济学界更加专注于宏观经济政策的制定和实施，以达到国家对整个经济市场的宏观调控的目的，并特别注重国内生产总值（GDP）、货币供应量、社会物价指数水平等能够量化宏观经济产出的指标的波动，而财务会计学界更偏重于微观企业行为，如会计政策、企业治理、股权结构和会计信息系统等，更加关注能够量化企业产出的企业绩效、盈余能力和资本结构等数据指标的变动。不同的学术研究只关注自身的研究领域，缺乏学术领域的横向研究，既缺乏经济学科与财务会计学科的交叉研究，也缺乏宏观经济政策与微观企业行为传导机制的研究。他们认为货币政策等经济政策的制定和修改是经济产出和企业产出的领先指标（Leading Indicator）。因此，在分析企业产出（如企业业绩）时，不能只简单考虑微观企业行为的影响，需要拓宽财务会计学术研究的视野，还要考虑经济政策通过何种传导机制对企业产出产生影响和作用，对宏观经济和微观企业产出进行量化研究。

姜国华和饶品贵认为解决现在会计研究选题范围狭小、研究方法单一的现状的首要任务，就是要开拓研究视野、丰富会计研究方法，多注重财务会计学科与其他学科的交叉研究，建立一个更加系统而全面的研究框架。他们这种对宏观经济政策与微观企业相关联的研究模式将会计学和财务学研究进行有机结合，有助于对财务会计领域研究的创新。

4.2.1 宏观经济政策和微观企业行为的互动关系

宏观经济政策一般被定义为国家或政府为了实现社会经济的稳定增长和健康发展以及对整个经济进行调控的目的而采取的一系列经济政策的统称。宏观经济政策一般涵盖了影响经济增长的财政政策和货币政策等，以及随着经济制度和法规进一步完善而出现的利率政策和产业政策等。经济学界特别关注宏观经济政策的制定、修改和实施，通过这种方式来达到国家对整个经济市场的宏观调控的目的，以及受宏观经济政策实施的直接影响的经济产出，特别注重国内生产总值（GDP）、货币供应量、进出口额、社会物价指数水平等能够量化宏观经济产出的指标的波动。而财务会计学界更偏重于微观企业行为，微观企业行为一般涵盖了会计政策、企业治理、股权结构和会计信息系统等。财务会计学还倾向于研究微观企业行为的直接结果——企业产出的变化，更加关注能够量化企业产出的企业绩效、盈余能力和资本结构等数据指标的变动。

图4-1清晰地描述了宏观经济政策与微观企业行为的循环过程，从经济学的宏观经济政策开始，通过对两者相互作用过程的分析，最终通过经济产出对宏观经济政策进行评估，形成一个循环的传导过程。如上文分析，由于宏观经济政策是经济产出和企业产出的领先指标，因此以国家或政府开始实施宏观经济政策为起点，首先研究宏观经济政策实施对企业微观行为的影响。宏观经济政策能够在一定程度上起到制约或激励微观企业行为的作用，如当宏观经济政策宽松时，企业的融资成本降低，融资规模不再受到限制，企业能够更好地进行融资和投资活动。其次，由于宏观经济政策的变化影响了微观企业行为，进而导致企业产出发生变化，微观企业行为不仅受到企业内部因素的制约，还受到如经济政策等外部环境的束缚，比如良好的企业融资和投资活动能够有效地增加企业的产出。再次，受到影响的企业产出会导致对经济产出的影响，从某种意义上来讲，经济产出等于所有行业企业产出之和，比如企业产出的增加会使得整个社会的经济产出增加，整个市场经济增长速度加快。最后，国家或政府以整个社会经济产出的波动情况为标准，分析和评估宏观经济政策的实施是否达到了既定的宏观调控目标，比如经济产出的增加，是否达到了市场经济健康稳定发展的目的。如果未达到，国家或政府就会执行新的货币政策，比如紧缩的货币政策，这样就又开始了新一轮的循环。

如图4-1所示，详细分析宏观经济政策与经济产出之间的相互作用属于经济学研究范畴，详细分析微观企业行为与企业产出之间的相互作用属于财务会计学研究范畴[①]。之所以会出现姜国华和饶品贵提到的三个事例，就是由于将两个学科进行分割研究所导致的。

姜国华和饶品贵创新性地提出研究两者之间的互动关系，结合宏观经济政策的相关结论，从微观视角进一步研究经济政策对财务会计学微观企业行为的影响，最终达到更加准确地预测企业盈利能力和公司价值的目的。这不仅有利于宏观经济政策的跨学科发展，也有利于拓展财务会计研究的研究视野，有助于解决会计研究所面临的困境和挑战。

---

① 为了便于分析宏观经济政策与微观企业行为的互动关系，本书使用的箭头是单向的，但实际上宏观经济政策和微观企业行为、宏观经济政策和经济产出之间的箭头是双向的。

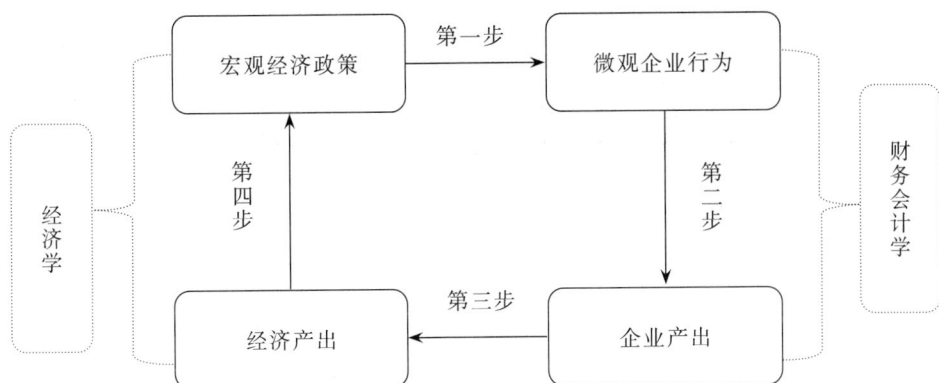

图 4-1　宏观经济政策、微观企业行为、企业产出和经济产出之间的关系

4.2.2　宏观经济政策与微观企业行为相互作用的研究框架

在描述了宏观经济政策与微观企业行为的循环过程的基础上，姜国华和饶品贵于 2011 年首次创建了宏观经济政策与微观企业主体行为相互作用的研究框架。如图 4-2 所示，这一研究框架只罗列了一些研究内容，并不是全部的研究内容，可以根据未来具体研究的内容进行相应的框架调整。研究框架主要包括四个步骤：

第一个步骤主要分析经济学宏观经济政策如何对财务会计学的微观企业行为产生影响。这是该框架的重要步骤之一，研究过程中一般主要选取货币政策、汇率政策、对外经济政策等，进而从宏观角度研究这些政策对微观企业行为的影响。而他们所选取的政策基本都是与微观企业行为紧密相关的。他们所研究的微观企业行为主要包括公司治理、投融资活动、内部控制等。宏观经济政策主要通过三种方式对微观企业行为产生影响：第一种方式是宏观经济前景、行业前景预期变化对企业微观企业行为的作用，如限制企业的投融资行为等；第二种方式是影响企业资本成本，进而发挥作用，如影响现金管理行为等；第三种方式是影响微观企业的信息环境的不确定性，进而发挥作用，如信息不对称性较高时，企业更倾向于稳健性的会计选择。虽然这一步骤分析的是宏观经济政策的作用，但由于研究的是它对微观企业行为的影响，因此要更加关注宏观经济在微观视角下对微观企业行为的传导机制。

第二个步骤主要分析微观企业行为和企业产出之间的关系。这主要是财务会计学的研究范畴，企业产出主要涵盖了审计质量和盈利能力等。这一步骤对于财务会计研究尤为重要，因为不仅要考虑从财务学和会计学角度分析企业行为和企业产出之间的关系，还要创新性地结合宏观经济政策的影响来分析企业行为与企业产出的关系。这种研究框架模式有助于系统、全面地分析企业行为的影响因素，进而更加合理地解释微观企业行为对企业产出的影响，有利于更加准确地预

宏观经济政策

| 经济周期 | 财政政策 | 货币政策 | 信贷政策 | 汇率政策 | 经济管制 | 产业政策 | 对外政策 | …… |

影响经济前景　　　影响资本成本　　　影响信息环境　　……

第一步

微观企业行为

| 公司治理 | 商业模式 | 融资活动 | 投资活动 | 财务管理 | 会计政策 | 内部控制 | 税务筹划 | …… |

第二步

企业产出

| 治理结构 | 资本成本 | 资本结构 | 盈余能力 | 盈余质量 | 成长性 | 审计质量 | …… |

第三步

经济产出

| 国内生产总值 | 社会投融资 | 进出口额 | 社会消费 | 物价水平 | 汇率结构 | …… |

第四步

宏观经济政策

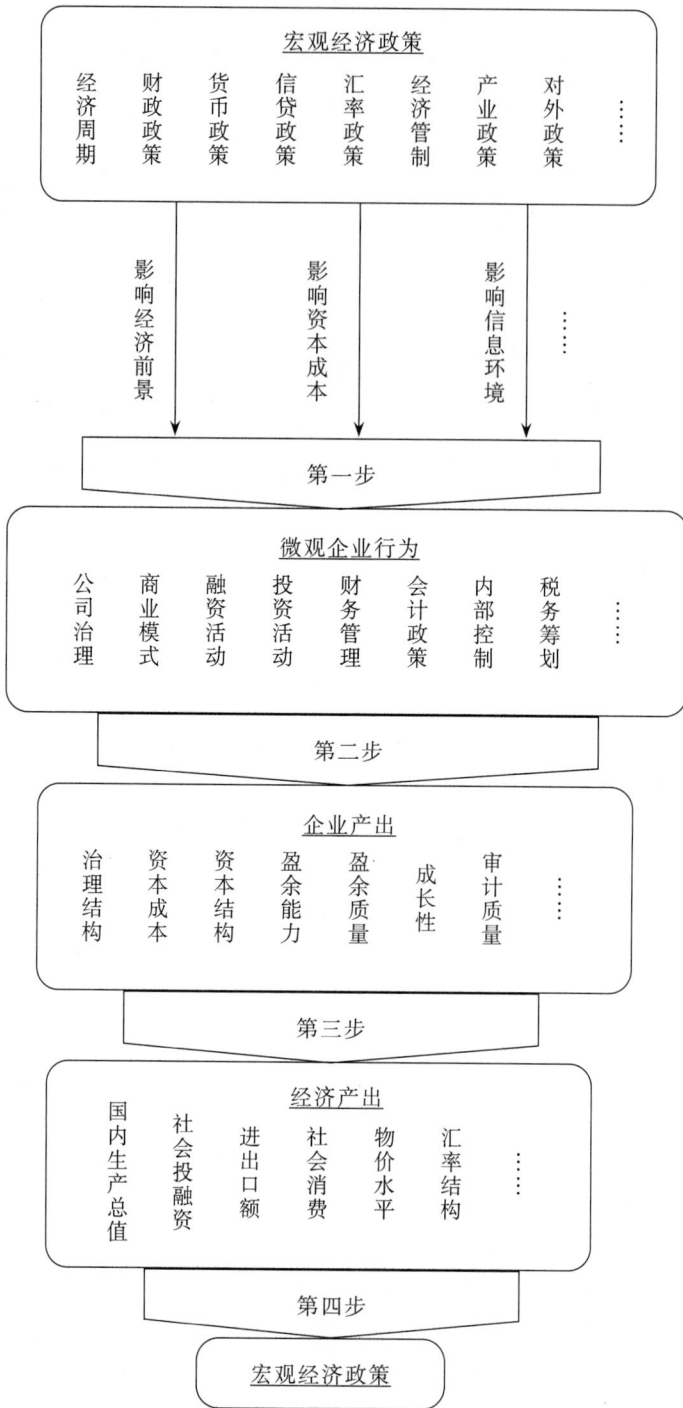

图4-2 基于宏观经济政策与微观企业行为相互作用的研究框架

48

测企业行为所能产生的经济后果。结合宏观经济政策这一企业产出的领先指标，能够拓展财务会计的研究视角，更全面、误差更小地对企业绩效和企业价值进行预测分析。在第二个步骤中还要注意关于两者传导机制的定量研究和定性研究，两种研究方式都至关重要。

第三个步骤主要分析企业产出对经济产出的影响。经济产出主要包括国内生产总值、进出口额等指标，而这些指标从某种程度上来说，等于所有企业产出之和。虽然这个领域很少提及，但姜国华和饶品贵认为具有很高的研究价值，随着企业信息披露系统的不断完善，实证研究也具有一定的可行性。

第四个步骤主要根据经济产出的效果判断是否实施新的宏观经济政策。这部分内容虽然并不属于财务会计研究范畴，但在经济学领域经济产出和宏观经济政策是相互作用、相互影响的，因此在研究过程中也要注意内生性问题。

4.3 研究框架的学术可行性

姜国华和饶品贵虽然首次提出研究框架和传导机制，但并不意味着之前没有类似的研究文献。虽然财务会计学和经济学的交叉研究没有引起专家和学者们的注意，但国内外学术界仍有极少的、类似的研究文献，这也在一定程度上证明了这一研究框架的学术研究可行性。

各国政府调控宏观经济政策的重要组成部分——宏观货币政策，是各国微观企业直接面临的宏观经济事件，它的变动会对微观企业的投融资决策和企业会计业绩和盈余都产生显著的影响。Paul Beaudry 等（2001）研究发现，英国货币政策的变动与上市公司的价格预测显著相关，宏观货币政策会对英国企业投资配置产生显著影响。Daniel 等（2007）研究发现，宏观经济政策会对企业盈余管理的动机与方式产生重要影响，论证宏观经济政策与企业会计选择和决策行为存在显著相关关系。

我国学者在这一领域也进行了一定的研究尝试。陆正飞和祝继高（2009）选取央行发布的"货币政策感受指数"来度量货币政策的宽松水平，发现央行的货币政策趋于上行时，公司融资约束和成本减小，公司现金持有水平就会相应降低，从而降低企业持有现金的成本，反之则反。这些都表明宏观货币政策与微观企业的会计业绩变量相关联。姜国华和饶品贵（2011）选取10年的数据作为样本，发现当货币政策宽松时，企业所面临信息环境的不确定性降低，企业与投资者之间的信息不对称也降低，企业能够更方便地申请银行贷款，因此公司所选取的会计政策就会变得更加不稳健。王铭利（2012）研究发现，宽松的货币政策会导致股票市场融资限制减少，货币政策变化与公司会计行为的相关关系更加显著。代光伦等（2012）研究发现，宏观货币政策会对企业现金持有水平产生显著影响，同时还发现不同产权性质企业受宏观货币政策的影响存在差异性。饶品贵和姜国华（2013）研究发现，宏观货币政策与企业融资活动显著相关。

尤其是最近这几年，我国学术界开始高度关注宏观经济政策与微观企业行为的关系，从2012年起，已经连续召开三届"宏观经济政策与微观企业行为"学术研讨会，饶品贵、石孟卿、姜国华和陈冬华（2012），范从来等（2013），丁友刚等（2014）分别在《经济研究》发文，对每届学术研讨会的研究成果进行了综述。

综上所述，越来越多的学者逐渐开始注意到宏观经济政策与微观企业行为之间的互动关系，也进行了一定的财务会计领域研究，研究成果也证实了这种以互动为基础的研究框架的可行性。虽然饶品贵和姜国华所提出的研究框架仍有许多需要完善之处，但这类研究确实拓宽了财务会计研究的视野，丰富了会计研究选题范围和研究方法。而且对这种互动关系的探讨不仅对经济学的宏观领域研究具有显著的借鉴作用，而且也有利于对财务会计学在微观领域的系统化探究。

4.4 研究框架对费用黏性宏观影响因素研究的启示

饶品贵和姜国华创建的宏观经济政策与微观企业行为相互作用的研究框架，将经济学领域与财务会计学领域联系在一起，开拓了财务会计领域的研究视野，使得许多关于财务会计学问题的研究更加系统性和全面性。作为财务会计学成本管理热点问题之一——费用黏性影响因素研究，是否也适用于该研究框架？从这点出发，本书在研究框架的启发下，拓宽了费用黏性影响因素研究的视野，尝试分析宏观经济政策等经济学因素对费用黏性水平的影响。新的研究框架对费用黏性影响因素研究的启示主要包括以下两个方面：

第一，费用黏性影响因素研究往往只是从微观企业和管理者主观角度出发，缺乏对其他外部因素的考虑，而研究框架的分析视角有助于系统地分析费用黏性的经济学影响因素。

目前的费用黏性研究主要集中在费用黏性影响因素以及费用黏性的经济后果领域，关于费用黏性影响因素的研究主要针对资源调整成本、管理层预期和代理问题这三大影响因素。Banker和Chen（2006a）研究发现，资源调整成本中的劳动力费用对费用黏性具有重要影响，且德国和法国费用黏性高于美国和英国。Kama和Weiss（2010）发现，当企业的业务量发生变化时，企业的费用黏性会随着调整成本变化而变动。Banker等（2010、2011）运用经验研究的方法对费用黏性进行了研究，当业务量减少，但宏观经济环境宽松时，管理者的乐观预期会导致费用黏性的产生。曹歌（2012）发现，随着产量或销售量的上升或下降，管理者乐观和悲观预期与费用黏性具有显著相关关系。陈磊等（2012）提出管理者有可能采用"洗大澡"的方式进行盈余管理，意图扭转企业亏损的局面，这就会造成成本费用黏性的严重高估。Kama和Weiss（2010、2013）认为费用黏性存在于所有国家的各个发展阶段，而且费用黏性的经济后果与会计盈余预测和分析师预测相关联，影响费用黏性的因素不仅包括调整成本，而且还包括盈余管理、管理者预期和管理激励等。穆林娟等（2013）发现利用公司治理机制，约束管理者自利行为和扩张意图，能够降低费用黏性的程度。梁上坤（2013）对公司股权结构进行研究，发现股权集中度与上市公司的成本费用黏性负相关。

但这些研究都受制于微观研究领域的限制。现有的研究成果大多都是从微观企业角度出发，从管理者主观角度出发，研究资源调整成本、管理层预期和代理问题对企业费用黏性行为的影响，并没有考虑其他外部因素的影响，存在典型的将经济学领域研究与财务会计学领域研究相"割裂"的现象。

在研究框架分析视角的启发下，在借鉴研究框架的分析视角基础上，对企业费用黏性影响因素的研究不局限在财务会计学领域和微观企业层面，而是尝试分析经济学领域因素可能对费用黏性水平的影响，注重费用黏性影响因素的跨学科研究分析。在具体分析影响因素的过程中，不仅要从财务会计领域分析费用黏性的影响因素，还要特别注重从其他学术领域分析对企业费用黏性可能产生的影响因素，特别要考虑经济学领域的相关因素，如经济学的资源调整成本，以及影响资源调整成本的生产要素市场发育程度等因素，侧重于从微观角度分析经济学因素的传导机制，以期能够更加系统、全面地研究企业费用黏性的影响因素。

第二，在新的研究框架的启发下，在借鉴研究框架分析模式的基础上，尝试分析宏观经济政策会通过何种传导机制对费用黏性水平产生何种影响。

在姜国华和饶品贵创建的研究框架中，宏观经济政策通过一定的传导机制，可能会对微观企业行为（公司治理、内部控制等）以及企业产出（盈余管理等）产生影响。从经济学的宏观经济政策开始，通过对两者相互作用过程的分析，最终通过经济产出对宏观经济政策进行评估，形成一个循环的传导过程，他们创新性提出的新的研究框架主要包括四个步骤，并主要强调前两个步骤：第一个步骤是分析宏观经济政策对微观企业行为的影响，选取和会计研究密切相关的货币政策等宏观经济政策，来研究经济政策实施对微观企业行为的影响；第二个步骤是主要分析微观企业行为和企业产出之间的关系，在分析过程中不仅要从财务学和会计学角度来分析，而且注重结合宏观经济政策的影响来分析。另外，还要注重对宏观经济政策和微观企业行为传导机制的定量研究和定性研究。这种研究框架模式有助于系统、全面地分析企业行为的影响因素，进而更加准确地预测企业行为所能产生的经济后果。另外，饶品贵和姜国华还列举了国内外极少的类似研究文献，以及他们自己的部分研究成果，这些成果都证明了研究框架具有一定的研究可行性。

由于经济学的宏观经济政策和财务会计学的费用黏性存在学科之间的"割裂"现象,无法直接将两个领域的热点问题进行交叉研究。但在借鉴研究框架分析模式的基础上,本书尝试分析宏观经济政策,如宏观货币政策等,并分析通过何种宏观经济政策与微观企业行为的传导机制,最终对企业的费用黏性产生何种影响。尝试将经济学的宏观经济政策和财务会计学的费用黏性影响因素研究进行学科交叉研究,以期能够验证宏观经济政策对企业费用黏性的影响,以及该研究框架的学术可行性。

4.5 本章小结

本章首先对国内外学术界的会计研究现状进行了分析,发现最近50多年来,国际学术界会计研究的选题范围比较狭小,具体研究方法也比较单一,缺乏创新性。采用统计汇总分析的方法,发现会计期刊的选题、获奖论文的选题、数据库下载次数较多论文的选题等都倾向于单一的财务会计学领域,而且国内外学者们由于过分关注如何在会计期刊发表论文,逐渐形成了一个围绕会计期刊的学术氛围,沉闷、研究领域狭小的"学术圈",不利于会计研究的学术创新。另外,考虑到论文的引用频率能够在一定程度上衡量该期刊对会计领域研究的贡献,还分析了TAR、JAR、JAE这三大高水平期刊论文与其他17家会计期刊论文的被引用次数,发现科研机构和高校将文章是否发表在高水平期刊上作为评判论文研究价值和使用意义的标准,是极其不合理和不全面的。现在固有的科研评判制度,在一定程度上反而束缚会计研究的发展,打击了学者们的研究积极性,不利于营造良好的学术研究氛围。

针对国内外会计学术界选题范围比较狭小、研究内容缺乏创新性、研究手段比较单一的研究现状,姜国华和饶品贵首次创建了新的研究框架:基于宏观经济政策和微观企业行为相互作用的研究框架。

他们首先结合三个事例,分析产生这种困境的主要原因是缺乏对经济学与财务会计学的交叉研究,也缺乏对宏观经济政策与微观企业行为传导机制的研究。他们认为在分析企业产出时,不仅要简单考虑微观企业行为的影响,还需要拓宽财务会计学术研究的视野,考虑经济政策通过何种传导机制对企业行为产生影响和作用,对宏观经济政策和微观企业行为进行量化研究。

图4-1清晰地描述了宏观经济政策与微观企业行为的循环过程,以作为经济学领先指标——宏观货币政策的实施为起点,研究宏观经济政策实施对企业微观行为的影响。通过对两者相互作用过程的分析,最终通过经济产出对宏观经济政策进行评估,形成一个循环的传导过程。两者的互动关系将财务会计学和经济学

有机地结合在一起，有助于解决会计研究所面临的困境和挑战。

图4-2详细介绍了以互动为基础的新的研究框架，阐述了这一框架的四个步骤，第一个步骤和第二个步骤是重要的核心环节，第一个步骤分析的是经济学的宏观经济政策通过一定的传导机制对微观企业行为产生的影响，这一部分更加关注微观层面下两者之间存在的传导机制。第二个步骤在分析微观企业行为和企业产出之间的关系时，创新性地结合宏观经济政策的影响来分析两者的关系。这种研究框架模式有助于系统、全面地分析企业行为的影响因素，进而更加合理地解释微观企业行为对企业产出的影响。有利于更加准确地预测企业行为所能产生的经济后果，并且在研究过程中还要注意定量研究和定性研究两者之间的关系，两种方式都很重要。可以说新的研究框架拓展了财务会计学的研究视野，丰富了会计研究方法，更加注重财务会计学科与其他学科的交叉研究，是一个比较系统而全面的研究框架。

虽然姜国华和饶品贵首次提出研究框架和传导机制，但国内外仍有很少类似的研究文献，这也在一定程度上证明了这一研究框架的学术研究可行性。尤其是我国会计学术界最近几年开始高度关注宏观经济政策与微观企业行为之间的关系的研究，因此这一领域的研究具有很高的研究价值。

新的研究框架的提出对费用黏性影响因素的研究产生了两大启示，拓宽了费用黏性影响因素研究的视野。尝试分析经济学因素对费用黏性水平的影响，以及尝试分析宏观经济政策对费用黏性水平的影响，有助于进一步丰富对费用黏性影响因素的研究。

总之，新的研究框架和传导机制的提出，为会计学术界提供了新的学术研究方向。将宏观经济政策与微观企业行为进行交叉研究，有助于开阔学术界会计研究的视野，也有助于发挥宏观政策的指引功能，为系统、全面地开展会计研究做出应有的贡献。

5 企业费用黏性的微观影响因素研究

随着国内外会计学术界对企业费用黏性研究的关注，越来越多的专家和学者们纷纷投身于企业费用黏性的相关研究，但绝大多数研究都是从企业管理者层面考虑影响因素的，往往研究的都是企业费用黏性的微观影响因素，我国学者更加关注从机会主义观角度分析代理问题对我国企业费用黏性的影响。

5.1 企业费用黏性微观影响因素的理论分析

费用黏性的提出打破了传统成本性态理论的前提假设，因此学术界关于费用黏性影响因素的研究最早主要集中在微观企业管理者层面，研究管理层预测和代理问题对企业费用黏性的影响，甚至在考虑费用黏性的基础上对公司未来盈利能力进行预测。这一系列关于费用黏性的相关研究具有重要的实用意义，有利于管理者有效控制公司的各项成本费用变化，进一步深挖成本信息所能反映的企业内部和外部的各种影响因素，最终深度剖析成本费用信息对企业未来盈余的多种影响，为企业利益相关者（如投资者等）的投资决策提供一定程度的指导和帮助。

5.1.1 自由现金流与企业费用黏性

管理层自利理论源于代理问题，即委托者与代理者的目标函数并不完全相同，所有者（委托者）关注股东权益最大化或公司利润最大化。而管理者（代理人）不可能一直按照所有者的意愿或利益最大化进行企业管理，也会存在管理者为了自身利益最大化而无视甚至损害所有者利益的现象，即管理层自利行为。

国内外学者主要采用自由现金流作为管理层自利行为的衡量指标。Michael C. Jenson 等（1976）提出了"自由现金流假说"，认为当企业持有自由现金流水平较高时，如果企业没有可获利的投资项目，管理者应该采取支付股利等方式将现金流向股东。而他们一般不会考虑这个选择，他们会行使对持有现金的自由裁量权，优先选择以下几种处理方式：用于提高管理层的薪酬、个人福利待遇以及在职消费等（Michael C. Jenson 等，1976）；用于"帝国构建"行为，进一步壮大自身在企业中的利益和地位（Shleifer 等，1997；Chen、Lu 和 Sougiannis，2008）；

用于多元化并购等（Morck 等，1990），企业管理层利用这些对持有现金的不当处理方式来谋取个人利益，不惜以损害股东利益为代价，这就产生了代理成本。

Chen、Lu 和 Sougiannis（2008）研究由自由现金流产生的管理层"帝国构建"行为对费用黏性的影响。管理层"帝国构建"理论（Jensen，1986；Stulz，1990；Masulis Wang 和 Xie，2007；Hope 和 Thomas，2008）是解释代理问题对管理者成本决策影响的最具有代表性的理论。该理论认为管理者倾向于持有超出企业最佳水平的闲置资源，以达到提升个人在企业的地位、权力、薪酬和威望的目的。虽然关于帝国构建的文献主要关注更加突出和罕见的并购活动，但SG&A支出也存在帝国构建行为，因为SG&A包括公司办公室大部分的开销费用（如销售人员的工资、佣金、办公费用、旅游和娱乐费用等），此外，经济学和管理学文献也借鉴了代理理论，认为管理者对决策有抑制作用。因为管理者更关注自己从公司所能获得的货币性薪酬和非货币性收益，而裁员仅对股东有利，管理者更倾向于尽量避免艰难的决策和因裁员所需要付出的代价（Bertrand 和 Mullainathan，2003），而公司裁员不专注于SG&A，它探讨巩固SG&A的因素，如办公室的主管人数，许多裁员都特别关注白领员工等闲置资源，而不是生产核心部门的员工，研究人员将SG&A作为闲置资源的主要变量导入员工费用和开销中。在某种程度上，SG&A能够反映出销售量下降时减少成本的行为，管理者延缓削减成本行为将导致费用黏性。在借鉴帝国构建理论和相关研究文献的基础上，他们认为代理问题导致了成本费用黏性的形成，因此他们预测自由现金流水平提高时，企业会增加因管理者过度投资行为所产生的运营成本，导致更大的销售和成本的不对称性；相反，当自由现金流水平降低时，管理者的"帝国构建"的机会变小，为避免自己的利益受损，他们会响应需求减少而降低SG&A，导致成本费用黏性变小。

管理者自利行为的存在导致了费用黏性的产生。Chen等（2010）选取了自由现金流量来替代这种自利行为，研究发现，管理层自利行为会增强企业的费用黏性，但若公司治理得良好，成本费用黏性就会有所降低。中国的制造业上市公司中也存在着管理层自利行为，并与销管费用黏性程度存在着很大的关系。万寿义和王红军（2011）就2007—2009年间沪深两市A股制造业740家上市公司进行数据分析，结果显示，自由现金流量的系数为负，并在10%的置信水平下始终显著。这说明企业的自由现金流量越多，费用黏性特征越明显，为管理者自利行为对费用黏性的成因作用提供了经验证据。房曼和杨凤（2013）也同样认为自由现金流量越大，管理层自利行为越严重。

国外学者关于管理层自利对费用黏性影响的研究日臻完善，我国学者也对管理层自利与费用黏性的关系做了大量的研究。万寿义和王红军（2011）选取740家A股上市企业的财务数据进行实证研究，从管理层自利的约束成本角度——公司治理角度解释了对费用黏性的影响，实证结果表明，制造业样本企业代理问题与费用黏性水平显著正相关，公司治理结构水平与费用黏性之间显著负相关，有效的公司治理结构能够减小企业费用黏性的水平。王明虎和席彦群（2011），房曼和杨凤（2013）采用模型分析，从管理层自利角度分析自由现金流量对企业费用黏性的影响，研究发现，企业自由现金流量越大，公司高管自利问题越严重，企业的费用黏性水平越高。

5.1.2　高管薪酬与企业费用黏性

随着对管理层自利与费用黏性影响的不懈研究，学者们开始关注管理层"帝国构建"行为对费用黏性的影响。Chen、Lu 和 Sougiannis（2008）主要从"帝国构建"理论和公司治理的角度考虑了企业的高管行为对成本费用黏性的影响，自由现金流是衡量由代理问题产生的管理者"帝国构建"理论的主要变量（Jensen，1986；Stulz，1990；Shleifer 和 Vishny，1997；Titman 等，2004；Richardson，2006；Masulis 等，2007），是指现金超过实际所需资金的项目，当可用现金和前景增长不匹配时就产生了自由现金流（Jensen，1986）。自由现金流假说认为，当企业持有自由现金流水平较高时，企业管理者一般不会考虑采取支付股利等方式将现金流向股东，他们会优先选择将其用于投资，从而提高自己的企业绩效，而且大量的实证证据支持这一自由现金流假说。因此他们预测自由现金流水平提高时，企业会增加因管理者过度投资行为所产生的运营成本，导致更大的销售和成本的不对称性；相反，当自由现金流水平降低时，管理者的"帝国构建"的机会变小，为避免自己的利益受损，管理者们会响应需求减少而降低 SG&A，导致成本费用黏性变小。学者们还选取公司治理结构变量（如董事规模、两职分离情况等）对企业治理结构水平进行衡量，采用美国上市公司财务数据进行实证研究，发现良好的公司治理结构能够降低企业成本费用黏性水平。

Clara、Xiaoling Chen、Hai Lu 和 Theodore Sougiannis（2012）发现管理层自利的"帝国构建"会导致下列行为：当销售量上升时，管理者有可能超常增加 SG&A（如超常增加工资和办公费用等）；当销售量下降时，管理者有可能会延缓降低 SG&A（如延缓降低工资和办公费用等）。这些行为使得 SG&A 成本更加偏离了它的最优水平，导致更大的销售和成本的不对称性（与仅由经济因素导致的相比）。这意味着管理层自利问题和费用黏性存在着正相关关系，即管理者"帝国构建"的激励机制越强，SG&A 成本费用水平就会越偏离 SG&A 的最佳水平。Itay Kama 和 Dan Weiss（2013）着重探讨隐藏在资源调整决策下的管理层自利问题的激励因素，他们详细分析了企业激励机制对管理者决策的影响，进而分析激励机制对企业费用黏性行为的影响。他们选取 1979—2006 年的样本数据，总计 97 547 个样本的年度观测值，实证结果表明，当销售下降时，因为未实现盈利目标的压力要大于销售下降的压力，所以存在激励机制的企业的管理人员更积极地削减成本，以期避免损失和盈利下降，以及满足金融分析师的盈利预测。这些资源调整决策导致企业成本费用黏性程度下降，在某些情况下，甚至导致成本费用黏性消失。总之，以满足盈利为目标的激励机制导致管理者刻意进行资源调整决策，降低了成本费用黏性的水平。

高管的薪酬问题会对管理者的行为产生影响，进而作用于公司的成本控制。Chen、C.X.、H.Lu 和 T.Sougiannis（2012）分别选取自由现金流量、公司 CEO 任期、CEO 变更情况和 CEO 薪酬结构作为管理者"帝国构建"的替代变量，研究了代理问题对费用非对称变化的影响，通过实证检验，证明了管理者的代理问题会使成本费用随业务量的上升和下降而出现非对称的变动，并通过了显著性检验。此外，他们还发现，公司治理在降低费用黏性方面具有重要作用。李粮和宋振康（2013）从心理学理论和组织行为学理论的角度，得出了相同的结论，并且还证明了公司发生并购、重组为经理人自利动机的实施提供了前提条件，公司并购、重组后，业绩没有显著提高，经理人的薪酬却增加了许多。刘青（2011）还证明了高管薪酬越高，费用黏性越小。可以看出，合理的薪酬机制能够有效解决两职分离和委托代理的问题，当经营者所能得到的薪酬足够满足自身消费需求时，管理者自利行为的产生就会明显地减少。

在概括总结相关文献的基础上提出自由现金流量、高管薪酬比例对企业费用黏性都有重要影响的观点。一方面，当公司拥有自由现金流量时，管理者就会倾向于加强对这部分资金的使用和支配，从而实现在职消费或其他利己的行为，最终反映到费用项目的增加上，导致了费用黏性；另一方面，公司高管的薪酬是与自身利益最直接相关的部分，管理者无时无刻不在为了提高劳动报酬而做出多方面的努力。其中固定性薪酬水平能够影响管理者对资源配置的决策，当固定薪酬占总薪酬比例较低时，管理者会试图提高与自己相关的风险性薪酬，从增加企业长远价值及股权价值的角度考虑，增加品牌管理、研发支出等费用，从而产生了费用黏性。

5.2　企业费用黏性微观影响因素的实证分析

5.2.1　企业费用黏性微观影响因素的研究设计

本书研究的费用黏性是指期间费用的黏性，而期间费用与营业成本在本质上是不同的。营业成本是与销售收入能够相配比的、有直接关系的那部分投入，而生产经营以及管理的过程中不能与收入相配比，而是直接归入当期损益的那部分费用才是期间费用，即销售费用、管理费用与财务费用。正因为期间费用具有酌量性的特点，它受管理者控制的程度就较大，影响费用随收入不按比例变动的因素就较多。例如，计入销售费用的广告支出，在短期业绩不景气时，收入下降，市场总监并不会马上缩减广告的投放，因为从长期来看重新投入广告是要付出一定的调整成本的，因此销售费用黏性产生。而管理费用的可操控性更强，这其中包括了差旅费、办公费以及招待费等，某些管理者的隐形个人消费也会包含在其中，导致费用随收入的下降而无法同比例减少的黏性现象。因此，从整体上可推测出费用黏性是存在的（本书选取销管费用，不包括财务费用）。通过回顾已有的文献，得知费用黏性的存在性已经由大量学者研究并提供了经验证据。国外以Mark C. Anderson、 Rajiv D. Banker、Suryan 和 Janakiraman（2003）为代表，国内则以孙铮和刘浩（2004）为代表，分别有刘武（2006）、孔玉生（2007）、陈灿平（2008）、万寿义和王红军（2011）等其他学者先后证明了我国费用黏性的存在。从行业性差异上看，制造业的这种费用黏性特点体现得最为普遍和突出。本书根据以上的逻辑推理和文献回顾，提出第一个假设：

假设1：我国上市公司销管费用存在费用黏性特征。

在委托代理理论下，所有权与经营权分离，拥有所有权的股东和拥有经营权的经理人，他们的行为目标会出现不一致或者互相冲突的现象，拥有经营权的管理者会以自身利益最大化的原则做出决策，具体体现在管理层不顾公司整体利益而将个人消费转嫁到公司费用中或不愿削减与自身可控资源相关的费用，于是，在管理层自利因素的诱导下，费用黏性便产生了。目前，大多数文献的研究都用自由现金流量来作为管理者自利的衡量指标。Michael C. Jenson（1976）首次提出了自由现金流量这一概念，他在公司的财务领域研究了自由现金流量与代理问题的关系，认为公司在没有可投资的净现值为正的项目时，所剩余的现金应该留给公司股东，从而避免充裕的现金资产导致经理人与股东的代理问题。而实际中在面对公司自由现金流量时，管理者更愿意做出以下几方面的支配行为：（1）Shleifer 和 Vishny（1998）认为管理者利用自由现金流量进行"帝国构建"。（2）Jenson 和 Meckling（1976）提出用于发放个人津贴和补贴，如在职消费和物质分配等。（3）Morck 等（1990）认为自由现金流量可作为多元化并购时考虑的因素之一。（4）Jenson 和 Meckling（1976）还提出管理者按照自己的偏好，利用内部职权调配资金，将富余的自由现金流量由业绩好的部门调转入业绩相对差的部门，以损失股东利益为代价，破坏了常规的经营秩序。以上几方面都显示出对自由现金流量不当的处理方法能够诱发代理成本。

具体来讲，自由现金流量之所以能够产生代理成本，首先是因为管理层受自利动机驱使，他们之所以能够随意便捷地支配公司自由现金流量，是因为当这部分资金较充裕时，对外的筹资需求较小，也不会受相关债权人的过度约束，从而所受到的资金监管也就会宽松，进而管理者便可灵活地使用这部分资金。例如，因某种目的投资到对自己有利而净现值为负的项目上，或者用来进一步增强自己的权力，扩大资源的控制范围，或者闲置等，总之，通过各种方法来达到自身效用的最大化。其次是因为管理者的不完全理性造成的。悲观的管理者追求决策的稳健性，他们为了减少公司未来投资的不确定性因素及规避损失风险，会倾向保留大量自由现金流量来应对突发事件，但不可避免地会降低公司的收益；而乐观的管理者则追求决策的激进性，他们过度相信利用现有充沛的现金流投资到许多项目上，就可以得到不切实际的夸大的现金流入。而现实往往是相反的，这种源于自由现金流量的管理者有限理性行为，导致了股东利益受到损害。最后是因为受业绩评价的影响，管理者的奖励和名誉通常是与公司的规模和业绩挂钩的，他们会为了获得私利，而利用较多的现金流进行过度的投资，扩大企业规模甚至有违整体价值，这都是会损害股东利益的。

自由现金流量的代理问题主要是通过费用的异常增多体现出来的。公司为了获得利润，在生产经营中就要消耗资源产生费用。理性的管理者会保持收入稳定增长的趋势，尽可能地控制较低的费用水平，从而实现较高的业绩目标，而当管理者利用公司自由现金流量来增加任意性支出时，体现在费用项目上就会出现非理性地增长，而收入却没有相应提高。干胜道（2009）认为，当自由现金流量充裕时，公司的费用比率可能会出现异常上涨，原因是管理者并不愿意对股东分配现金流，而是用于闲置、超额在职消费及过度投资等"自利"行为上，从而导致公司经营效率不佳、业绩下降。相反，当存在较少的自由现金流量时，管理者便来不及考虑如何操控费用谋求私利，而是将怎样扭转公司亏损或业绩下滑的局面放在首位。这时他们的自利动机不再凸显，而是主动将费用控制在一个合理的、较低的水平上。综合来看，自由现金流量为管理者的自利行为提供了条件，进而导致了费用黏性的形成。

从以上的分析可以看出，富余的自由现金流量，会刺激管理者滋生自利动机。在业务量上升时，管理者产生一系列利己行为，将个人利益隐秘地转移到公司费用项目中，导致费用增多；在业务量下降时，为了维护对现有资源的控制权，会推迟费用的削减。因此，费用随业务量增加而增加的幅度就会大于费用随业务量减少而减少的幅度，费用黏性产生。而相反地，在匮乏的自由现金流量下，往往企业的经营情况也不佳，管理者的自利动机缺少了可操作的前提条件，这时他们更多地是考虑维护名誉和公司的形象，全心、尽责地对公司付出优良的管理，公司的经营轨迹就会更加遵循正常的秩序，费用的变化也就会与收入形成一定的配比关系，从而费用黏性较弱。因此提出第二个假设：

假设2a：我国上市公司自由现金流量与企业费用黏性正相关，自由现金流量越多，企业费用黏性越明显；反之自由现金流量越少，企业费用黏性越小。

公司高管薪酬结构也会影响他们的"帝国构建"动机。管理者的薪酬主要以两种形式存在：一种是固定性薪酬，主要包含管理者的基本工资和全年根据绩效获得的奖金等，是短期的货币性报酬；另一种是风险性报酬，包括高管持有的限制性股票、股票期权等，属于长期的权益性报酬。固定性报酬与风险性报酬的比例关系是高管进行经营决策的影响因素之一，不同的薪酬激励政策往往会导致不同的管理者行为特征，并且这种行为有可能违背企业资源决策的最优方案。关于高管薪酬机制的影响已有大量的文献进行了研究。一些研究认为，风险性报酬越多，越能引导股东和经理人的利益趋向一致，也就越能避免经理人的代理行为。然而，其他有关研究发现，风险性报酬可能成为管理者从企业进行寻租的一个渠道（Hanlon、Rajgopal和Shevlin，2003）。Kanniainen（2000）研究了经理人的薪酬结构对"利益帝国"构建的影响。假设经理人是风险厌恶型，如果他们的薪酬结构主要以固定性薪酬为主，那么就不容易产生以追求私人利益为目的的动机。随着固定性薪酬在总薪酬中比例的下降，经理人就会倾向于对企业进行过度投资。尽管这种投资的未来收益具有很大的不确定性，因为"通过投资，管理者就可以在公司内部增加资源，从而为个人消费提供直接利益"（Kanniainen，2000）。可以看出，当管理者拥有的固定性薪酬比例较高时，随着营业收入的下降，他们倾向于立即做出削减资源的决策，并且会调减研发支出、无形资产等这些收益具有延迟性的资源投入，因为这时他们更在乎当期的公司业绩对自身利益造成的影响；同样的道理，在营业收入上升时，对于资源的调整更愿意观望一段时间，因为考虑到短期业绩，增加资源的投入会立即产生费用，却不能立即回收利润。而拥有固定性薪酬比例较低的管理者，就会存在较强的过度投资行为动机，另一方面，从公司长远发展的角度考虑，决策也会产生滞后性，因为他们不愿意因为武断的调整决策而影响到自身的利益。

综合以上分析，我们认为固定性薪酬比例的提高，能够促进管理者为了实现短期目标，在业务量下降时适时地调减费用支出。而当风险性薪酬比例占优势，管理者谋求自身利益构建个人帝国的动机就会越强，从而费用黏性现象就越明显。由此提出第三个假设：

假设2b：高管固定性薪酬比例与企业费用黏性负相关，高管固定性薪酬比例越高，费用黏性越小；反之，高管固定性薪酬比例越低，费用黏性越大。

根据以上理论分析与假设的提出，本书将构建如下两个回归模型，分别用来检验我国制造业上市公司费用黏性的存在性，以及自由现金流量和高管薪酬结构对费用黏性的影响。

（1）模型 I

$$\ln \frac{S\&A_{i,t}}{S\&A_{i,t-1}} = \beta_0 + \beta_1 \ln \frac{Sales_{i,t}}{Sales_{i,t-1}} + \beta_2 d_{i,t} \cdot \ln \frac{Sales_{i,t}}{Sales_{i,t-1}} + \varepsilon_{i,t}$$

对于本书的第一个假设，这里采用 ABJ（2003）的对数线性模型来做回归检验，这一模型也成为后来许多学者关于费用黏性研究的基础模型。其中，S&A是样本公司销售费用与管理费用之和，用来表示年度费用的支出，对数形式 ln（$S\&A_{i,t}/S\&A_{i,t-1}$）则表示公司销管费用的增长情况；Sales 为样本公司的年度营业收入，用来代表业务量，对数形式 ln（$Sales_{i,t}/Sales_{i,t-1}$）则表示样本公司营业收入增长变化的情况。模型引入虚拟变量 $d_{i,t}$，是为了研究销管费用随业务量在不同方向上变化而变化的情况，当第 t 年的营业收入大于第 t−1 年的营业收入时，$d_{i,t}$ 取 0；当第 t 年的营业收入小于第 t−1 年的营业收入时，$d_{i,t}$ 取 1。可以看出，当营业收入与上年相比增加时，虚拟变量 $d_{i,t}=0$，含有 $d_{i,t}$ 的乘积项则为 0，从而 β_1 测量了销管费用在营业收入增加时的变动情况，即：营业收入每增加 1%，销管费用就增加了 β_1%。当营业收入相比去年降低时，虚拟变量 β_1 取 1，从而（β_1+β_2）测量了销管费用随营业收入减少时的变动幅度，即营业收入每减少 1% 时，销管费用就减少（$\beta_1+\beta_2$）%。若成本习性遵循传统的性态模型，则费用随营业收入增减而变化的幅度应该是相等的，即 β_2 应该为 0，然而若存在费用黏性，随营业收入减少，费用的减少量应该小于随营业收入增加时的增加量，即（$\beta_1+\beta_2$）<β_1，也即 $\beta_2<0$。由此推断，当 β_2 在统计上显著为负，则表示存在黏性特征，并且 β_2 越小，销管费用黏性程度越大。

这里之所以采取对数模型，是因为不同企业的规模不同，对数形式可以有效提高不同企业各变量间的可比度，并且对可能存在的残差异质性有一定的缓解作用。

（2）模型 II

$$\ln \frac{SA_{i,t}}{SA_{i,t-1}} = \beta_0 + \beta_1 \ln \frac{Sales_{i,t}}{Sales_{i,t-1}} + \beta_2 d_{i,t} \cdot \ln \frac{Sales_{i,t}}{Sales_{i,t-1}} + \sum_{m=3}^{4} \beta_m d_{i,t} \cdot \ln \frac{Sales_{i,t}}{Sales_{i,t-1}} \cdot Agency_{m,i,t} +$$

$$\sum_{n=5}^{7} \beta_n d_{i,t} \cdot \ln \frac{Sales_{i,t}}{Sales_{i,t-1}} \cdot Control_{n,i,t} + \sum_{p=8}^{9} \beta_9 \cdot Agency_{p,i,t} + \sum_{s=10}^{12} \beta_s \cdot Control_{s,i,t} + \varepsilon_{i,t}$$

模型 II 以模型 I 为基础，加入了表示管理者自利动机的替代变量，以及其他影响费用黏性的三个控制变量。其中，代表管理者自利动机的变量 Agency 包含自由现金流量（FCF）和高管固定性薪酬比例（MFP）；控制变量 Control 包含资产密集度（ASSET）、劳动密集度（EMPLOY）、宏观经济发展（GDP）。模型 I 中我们通过 β_2 的符号及大小来观察费用黏性的存在性及程度，根据分析，自由现金流（FCF）和高管固定性薪酬比例（MFP）及控制变量也会对费用黏性产生影响，所以，正如模型 I 的费用黏性会随负值 β_2 的变小而增强那样，模型 II 的费用黏性也会随 β_m 的符号及大小而变化，我们主要观察 $d_{i,t} \cdot \ln$（$Sales_{i,t}/Sales_{i,t-1}$）· $Agency_{m,i,t}$ 的系数 β_m，并根据前文的假设，如果自由现金流量对销管费用黏性有促进作用，则预期含有 FCF 的交互项系数显著为负，如果高管固定薪酬比例越高，费用黏性越低，则预期含有 MFP 的交互项系数显著为正。

　　本书用费用增长率与营业收入增长率变动的关系来反映费用黏性程度，其中费用的变化率为回归模型中的被解释变量，营业收入变化率为解释变量。作为费用黏性研究对象，本书选取期间费用中销售费用和管理费用之和，而将财务费用剔除，因为财务费用的特点决定了其很难受管理者操控，并且与营业收入的关系不明显。所以，本书最终以当年销管费用的增长率作为被解释变量，分别选取了营业收入增长率、自由现金流（FCF）和高管固定性薪酬比例（MFP）作为解释变量，其中自由现金流（FCF）和高管固定性薪酬比例（MFP）能较充分地反映管理层的自利动机。为了检验销管费用随营业收入在不同方向上变化的增减情况，本书引入虚拟变量d，在本期营业收入与上期相比增加时，d取0；在本期营业收入与上期相比减少时，d取1。当自由现金流量较充裕时，管理者就具有强烈的动机来操控费用获取私利，因而费用黏性产生。同时，上一期的自由现金流量是否充裕，决定了管理者在本期是否采取行动进行"帝国构建"，所以本书选取上年的经营活动现金流量净额，体现时间上的滞后效应，并减去必要补偿（购建固定资产、无形资产和其他长期资产支付的现金，和分配股利和偿付利息支付的现金），来衡量自由现金流量，另外，将上述指标除以上年年末总资产，用相对数的形式表达，从而有利于在不同规模的公司间做比较；在管理者薪酬结构中，固定性薪酬比例越高，管理者越注重短期业绩，从而合理控制费用，不易产生费用黏性，反之，固定薪酬比例越低，越能刺激管理者过度投资，产生费用黏性。因此，本书选取当年高管固定性薪酬总额除以高管固定性薪酬总额和高管持股市值之和的比例，作为衡量高管薪酬结构的变量。

　　除了基于委托代理理论的机会主义观引发的费用黏性外，还有孙铮等（2004）的契约观和效率观的成因解释，本书分别引入3个控制变量，资产密集度、劳动密集度及宏观经济发展，对契约观和效率观的成因进行控制。具体的变量定义与说明见表5-1。

　　在时间跨度上，选取2008—2012年的数据，这是因为新企业会计准则于2007年开始施行，为避免新旧会计准则差异的影响，本书不考虑新会计准则执行前的样本，并且样本公司均须为2007年1月1日以前上市，且至少上市一年，这样可以避免上市初期不稳定性的影响。在行业选择上，定位于制造业企业，这是因为大量研究证明制造业企业具有较高的费用黏性，并且由于产品成本一般较固定，不具备可操纵性，管理者就会转而对期间费用进行操纵，由此产生费用黏性。

　　所以，本书选取2008—2012年沪深A股制造业上市公司，且在2007年1月1日以前上市的企业作为样本对象进行筛选。筛选原则如下：（1）剔除被ST的样本公司；（2）剔除观察期内任意一年变量空缺的样本公司；（3）剔除符合以下条件的样本公司，营业收入不大于0、销售费用不大于0、管理费用不大于0或营业收入小于销管费用的上市公司。具体筛选过程见表5-2。

表 5-1   **模型变量的定义与说明**

变量类型	变量名称	变量符号	变量定义
被解释变量	销管费用增长率	$\ln \dfrac{S\&A_{i,t}}{S\&A_{i,t-1}}$	ln（本期销售费用与管理费用之和/上期销售费用与管理费用之和）
解释变量	营业收入增长率	$\ln \dfrac{Sales_{i,t}}{Sales_{i,t-1}}$	ln（本期营业收入/上期营业收入）
	虚拟变量	d	本期营业收入与上期相比下降，d=1；本期营业收入与上期相比上升，d=0
	自由现金流量	$FCF_{i,t-1}$	（上年经营活动现金流量净额-上年购建固定资产、无形资产和其他长期资产支付的现金-上年分配股利和偿付利息支付的现金）/上年年末总资产
	高管薪酬结构	MFP	高管固定性薪酬总额/（高管固定性薪酬总额+高管持股市值）
控制变量	资产密集度	ASSET	年末总资产/本年营业收入
	劳动密集度	EMPLOY	年末应付职工薪酬/本年营业收入
	宏观经济发展	GDP	当年GDP同比增长率

表 5-2   **2008—2012年样本公司的筛选详情**

筛选过程	家数
2007年1月1日以前上市的沪深A股制造业上市公司	769
剔除：	
（1）被ST的样本公司	38
（2）观察期内任意一年变量空缺的样本公司	19
（3）营业收入不大于0、销售费用不大于0、管理费用不大于0或营业收入小于销管费用的上市公司	21
最终获得的样本公司	691

通过对样本公司数据的筛选，最终得到了 2008 年 1 月 1 日—2012 年 12 月 31 日期间的 691 家样本公司，共 3 455 个年度观测值。以上数据来源于国泰安数据服务中心的 CSMAR 数据库。

5.2.2 企业费用黏性微观影响因素的研究结果

根据表 5-3 的统计结果，销管费用增长率的平均值为 21.71%，中位数为 13.65%，分别由（1.2171-1）×100% 和（1.1365-1）×100% 得出，可以看出在观察期内，样本公司的销管费用整体趋势为上升。营业收入增长率的平均值和中位数分别为 26.67% 和 10.90%，由（1.2667-1）×100% 和（1.1090-1）×100% 得出，即营业收入在观察期内呈现上升态势，但最大值为 14024.14%，最小值为 -81.66%，分别由（141.2414-1）×100% 和（0.1834-1）×100% 得出，并有较高的标准差 2.7534，表明在观察期内，营业收入增长的差异性较大。比较销管费用和营业收入，从平均数来看，销管费用增长率要小于营业收入增长率，这直观地体现了费用黏性的存在；同时，销管费用增长率的最大值、最小值及标准差分别为 2743.77%、-88.40% 和 0.7570，其差异性明显小于营业收入增长率。将销管费用进一步细分，统计显示销售费用增长率和管理费用增长率的平均值依次为 25.82% 和 23.61%，由（1.2582-1）×100% 和（1.2361-1）×100% 得出，均低于营业收入增长率 26.67%，且管理费用的变化要比销售费用相对平缓，可能是由于管理费用的黏性程度略大于销售费用的原因。

样本公司自由现金流量指标，平均数为 -0.0356，中位数为 -0.0310，可见样本公司自由现金流量扣除必要支出后大多数情况下处于不足的状态，这在我国上市公司中比较普遍，但仍有最大值 0.8871，这种情况则容易产生管理者的自利动机，从而导致费用黏性。高管固定性薪酬占总薪酬比例的平均值为 0.7815，中位数为 0.9952，从整体来看，固定性薪酬比例较高。资产密集度平均值为 1.7840，要大于劳动密集度的平均值 0.0186，总体来说我国上市公司属于资本密集型。宏观经济发展 GDP 的均值为 9.24%，说明 2008—2012 年我国宏观经济持续增长。各变量的描述性统计结果见表 5-3。

本书运用模型 I 来检验费用黏性的存在性，回归结果见表 5-4。

根据表 5-4 可知，回归效果整体较好，调整后 R^2 为 0.399，在 1% 的置信水平上显著。变量 $\ln(Sales_{i,t}/Sales_{i,t-1})$ 的系数 β_1 为正，且在 1% 的置信水平上显著。而交乘项 $d_{i,t} \cdot \ln(Sales_{i,t}/Sales_{i,t-1})$ 的系数 β_2 为 -0.271，在 1% 的置信水平上显著，证明了假设 1：我国制造业上市公司销管费用存在黏性。具体来说，营业收入每上升 1%，销管费用增长 0.573%，营业收入每下降 1%，销管费用减少 0.302%（0.573%-0.271%）。可见，销管费用随营业收入上升的增加量要大于随营业收入下降的减少量，证明我国制造业上市公司整体上存在费用黏性。

表5-3　　　　　　　　　　　变量描述性统计结果

变量名称	变量符号	平均值	中位数	最大值	最小值	标准差
销管费用增长率	$\dfrac{S\&A_{i,t}}{S\&A_{i,t-1}}$	1.2171	1.1365	28.4377	0.1160	0.7570
销售费用增长率	$\dfrac{S\_COST_{i,t}}{S\_COST_{i,t-1}}$	1.2582	1.1178	51.5762	0.0678	1.6602
管理费用增长率	$\dfrac{A\_COST_{i,t}}{A\_COST_{i,t-1}}$	1.2361	1.1451	22.2442	0.0866	0.7317
营业收入增长率	$\dfrac{Sales_{i,t}}{Sales_{i,t-1}}$	1.2667	1.1090	141.2414	0.1834	2.7534
自由现金流量	$FCF_{i,t-1}$	−0.0356	−0.0310	0.8871	−0.4990	0.0911
高管薪酬结构	$MFP_{i,t}$	0.7815	0.9952	1.0000	0.0000	0.3407
资产密集度	$ASSET_{i,t}$	1.7840	1.4613	33.5482	0.0000	1.6155
劳动密集度	$EMPLOY_{i,t}$	0.0186	0.0101	1.0317	0.0000	0.0459
宏观经济发展	$GDP_{i,t}$	9.24%	9.20%	10.40%	7.80%	0.94%

表5-4　　　　　　我国制造业上市公司费用黏性存在性回归结果

变量	系数	T值	Sig.
常数项（β_0）	0.062***	12.983	0.000
$\ln\dfrac{Sales_{i,t}}{Sales_{i,t-1}}$（$\beta_1$）	0.573***	42.248	0.000
$d_{i,t}\cdot\ln\dfrac{Sales_{i,t}}{Sales_{i,t-1}}$（$\beta_2$）	−0.271***	−8.196	0.000
调整后 R^2	0.399***		
F值	1 145.534***		
N	3 455		

注：***表示在1%的置信水平上显著，**表示在5%的置信水平上显著，*表示在10%的置信水平上显著。

运用模型来检验管理者自利行为对费用黏性的影响，回归结果见表5-5。

从表5-5的回归结果可以看出，调整后 R^2 为0.403，且在1%的置信水平上显著，说明模型Ⅱ的拟合效果良好。模型中 β_2 为−0.375，仍然证明了费用黏性的存在。含自由现金流量的交叉项系数 β_3 为−0.472，且在5%的置信水平上显著为负，表明自由现金流量越多，费用黏性越强，由此假设2a得到验证，即：我国制造

表5-5　　　　　　　管理者自利行为对费用黏性影响的回归结果

变　量	系　数	T值	Sig.
常数项（β_0）	0.108**	2.384	0.017
$\ln \dfrac{Sales_{i,t}}{Sales_{i,t-1}}$（$\beta_1$）	0.575***	41.917	0.000
$d_{i,t} \cdot \ln \dfrac{Sales_{i,t}}{Sales_{i,t-1}}$（$\beta_2$）	−0.375***	−4.133	0.000
$d_{i,t} \cdot \ln \dfrac{Sales_{i,t}}{Sales_{i,t-1}} FCF_{i,t-1}$（$\beta_3$）	−0.472**	−2.126	0.034
$d_{i,t} \cdot \ln \dfrac{Sales_{i,t}}{Sales_{i,t-1}} MFP_{i,t-1}$（$\beta_4$）	0.166**	1.963	0.050
$d_{i,t} \cdot \ln \dfrac{Sales_{i,t}}{Sales_{i,t-1}} ASSET_{i,t-1}$（$\beta_5$）	−0.010***	−2.567	0.010
$d_{i,t} \cdot \ln \dfrac{Sales_{i,t}}{Sales_{i,t-1}} EMPLOY_{i,t-1}$（$\beta_6$）	−0.008	0.017	0.986
$d_{i,t} \cdot \ln \dfrac{Sales_{i,t}}{Sales_{i,t-1}} GDP_{i,t-1}$（$\beta_7$）	10.810***	3.145	0.002
$FCF_{i,t-1}$（β_8）	0.037	0.873	0.383
$MFP_{i,t}$（β_9）	−0.035***	−3.062	0.002
$ASSET_{i,t}$（β_{10}）	0.001	0.272	0.785
$EMPLOY_{i,t}$（β_{11}）	0.071	0.753	0.451
$GDP_{i,t}$（β_{12}）	−0.222	−0.468	0.640
调整后R^2	0.403***		
F值	195.075***		
N	3 455		

注：***表示在1%的置信水平上显著，**表示在5%的置信水平上显著，*表示在10%的置信水平上显著。

业上市公司自由现金流量越多，费用黏性越明显。公司的自由现金流量越充裕，越能激发管理者以增加在职消费或者延迟减少可控资源等方式，牟取个人利益，从而产生了费用的非对称特征。这一结果，从自由现金流量的角度验证了管理者自利行为对费用黏性的影响。含高管固定性薪酬比例 MFP 的交叉项系数 β_4 为 0.166，且在 5% 的置信水平上显著为正，表明高管薪酬结构中固定性薪酬越高，费用黏性越小，反之，固定性薪酬比例越低，费用黏性越大，由此假设 2b 得到验证。当管理者的固定性薪酬比例较高时，就不会产生较明显的自利动机，费用的变动能够遵循常规的原则，因而对费用黏性的影响就较小。而当固定性薪酬比例较低时，管理者就会存在较强的过度投资动机。另一方面，从公司长远发展的角度考虑，对费用的决策也会产生滞后性，因此产生了费用黏性。这一结果，从高管固定性薪酬比例的角度验证了管理者自利行为对费用黏性的影响。

控制变量中含资产密集度 ASSET 的交叉项系数 β_5 为 -0.010，且在 1% 的置信水平上显著，证明了资产密集度越高费用黏性越明显的预期。含劳动密集度 EMPLOY 的交叉项系数 β_6 为 -0.008，但没有通过显著性检验，这可能是由于每个公司的员工数据复杂庞大，难以准确统计，本书采用的应付职工薪酬可能无法很好地代替实际员工人数，因而并没有得到预期的结果。含 GDP 的交叉项系数 β_7 为 10.810，在 1% 的置信水平上显著为正，说明宏观经济增长对费用黏性有负向影响，即宏观经济环境越好，费用黏性却越小，这与预期不相符，与孙铮，刘浩（2004）的结论不一致，但比较契合刘彦文、王玉刚（2007）的结论，即在公用商贸、生活消费品和石油化工行业中，宏观经济发展对费用黏性有负向作用，在家电与机械等行业中有正向作用，而在总体上，宏观经济对费用黏性的影响不确定。本书的结果与孙铮等学者的结论不同，可能是由于研究期间和研究样本不同而产生的差异。另外，2008 年金融危机后，我国国民经济快速发展，企业在这种宏观环境下发展较好，同时提高了管理水平，从而能在业务量下降时及时调整费用支出。

综上所述，在控制了公司的属性和经济变量对费用黏性的影响以后，分别证实了我国制造业上市公司自由现金流量对费用黏性的正向作用，以及高管固定性薪酬比例对费用黏性的负向作用，从而印证了管理者自利行为对费用黏性的影响。

为了使本书的结论具有稳健性，本书还将 2008—2012 年的 3 455 个样本分为存在股权激励的 192 个样本和不存在股权激励的 3 263 个样本，分别对两组样本用模型进行回归，并预期存在股权激励的样本公司的管理者自利动机比不存在股权激励的样本公司强。回归结果见表 5-6。

表 5-6   稳健性检验回归结果

组　别	存在股权激励组（N=192）		不存在股权激励组（N=3 263）	
变量	系数	T值	系数	T值
常数项	0.090***	5.620	0.061***	12.140
$\ln\dfrac{Sales_{i,t}}{Sales_{i,t-1}}$ （β₁）	0.533***	8.116	0.575***	41.274
$d_{i,t}\cdot\ln\dfrac{Sales_{i,t}}{Sales_{i,t-1}}$ （β₂）	−0.375***	−2.690	−0.270***	−7.918
调整后 R^2	0.294***		0.401***	
F值	40.743***		1 092.960***	

注：***表示在1%的置信水平上显著，**表示在5%的置信水平上显著，*表示在10%的置信水平上显著。

从表5-6可以看出，存在股权激励的样本组系数β₂要明显小于不存在股权激励的样本组的系数β₂，即实行股权激励的公司其费用黏性要高于未实行股权激励的公司，从而证明了本书的结论具有稳健性。

5.3　本章小结

由于管理者自利动机对费用黏性的影响是学术界普遍认可的，但大多数代理问题与费用黏性影响因素研究都只从以自由现金流量作为变量这一角度来证明，而没有深入研究代理问题到底是如何影响费用黏性的。因此本书以沪深A股制造业上市公司2008—2012年的数据为研究对象，来观察销管费用随营业收入变动而变动的情况，并以委托代理理论为基础，主要采用公司自由现金流量和高管固定性薪酬比例来度量管理者的自利动机。实证结果显示，我国制造业上市公司销管费用存在黏性特征。

我国制造业上市公司自由现金流量与企业费用黏性显著正相关，自由现金流量越多，费用黏性越明显，反之，自由现金流量越少，费用黏性越小，公司的自由现金流量为管理者的自利行为提供了动机和条件；高管固定性薪酬与企业费用黏性显著负相关，高管固定薪酬比例越高，费用黏性越小，反之，高管固定薪酬比例越低，费用黏性越大，管理者薪酬结构中固定性薪酬比例会影响自利动机的实施，进而作用于费用黏性。实验结果表明，固定性薪酬越多，高管的自利动机越不明显，费用黏性水平越低，反之，固定性薪酬比例越低，费用黏性越大，即管理者的变动性薪酬越多越能刺激自利行为的滋生，从而产生费用黏性。本书进行实证分析得出以下结论：

（1）我国上市公司销管费用存在黏性特征

在对样本公司的销管费用随营业收入的变化特征进行分析后，发现营业收入每上升1%，销管费用增长0.573%，营业收入每下降1%，销管费用只减少0.302%，证明了销管费用随营业收入上升的增加量要大于随营业收入下降的减少量，我国制造业上市公司存在费用黏性。

（2）自由现金流量和高管固定性薪酬比例对企业费用黏性的影响

公司的自由现金流量为管理者的自利行为提供了动机和条件，本书通过实证分析，来验证自由现金流量对费用黏性的影响，发现含自由现金流量的交叉项系数在5%的置信水平上显著为负，表明自由现金流量越多，费用黏性越强，证实了自由现金流量对费用黏性的正向促进作用，管理者自利行为对费用黏性成因的解释得到验证。

管理者薪酬结构中固定性薪酬的比例会影响自利动机的实施，进而作用于费用黏性。本书研究发现，回归模型中含高管固定性薪酬比例MFP的交叉项系数在5%的置信水平上显著为正，表明固定性薪酬越多，高管的自利动机越不明显，费用黏性水平越低。反之，固定性薪酬比例越低，费用黏性越大，即管理者的变动性薪酬越多越能刺激自利行为的滋生，从而产生费用黏性。

6 企业费用黏性的宏观影响因素研究

目前，有关我国上市公司费用黏性的存在性研究已经比较成熟，研究的重点主要集中在费用黏性的特性、影响因素以及产生的经济后果等方面。但这些观点只是从微观企业角度出发，从管理者主观角度出发，研究基于管理者决策判断上的费用黏性行为，并没有考虑其他外部因素的影响，比如宏观经济政策等，并没有将微观企业行为、企业产出与宏观经济政策相结合。

6.1 宏观货币政策与企业费用黏性研究

2015年5月28日，我国A股市场行情出现暴跌，沪指单日狂跌321.44点，跌幅达到6.5%，全行业所有指数都全线下跌，总市值蒸发约2万亿元。面对股票市场这一严峻形势，中国人民银行决定自2015年6月28日起，有针对性地对金融机构实施定向降准、降息，以进一步支持实体经济发展，促进结构调整；下调金融机构人民币贷款和存款基准利率，以进一步降低企业融资成本。那么，这一系列宏观货币政策的变化会对微观企业行为和费用黏性产生哪些影响呢？这些都值得我们进一步研究。这一研究将有助于企业管理者了解公司内部成本结构，增强管理者对未来销售预期的准确性，辅助管理者对企业资源调整做出更加科学的成本决策，以期更好地对企业基于费用黏性的盈余进行准确预测，进而影响企业的股票走势和投资者的投资决策。

宏观货币政策作为各国政府调控宏观经济政策的重要组成部分，是各国微观企业直接面临的主要事件。宏观货币政策主要是为发挥国家或政府的宏观调控作用，采取调整货币供应量、利率等货币政策，从而通过货币政策的传导机制对微观企业行为和企业产出产生影响，最终达到预期的宏观经济的健康稳定、就业问题的解决等目标。中外学者们研究发现，宏观货币政策的变动会通过对微观企业的贷款供给、债务融资成本、资本成本等发挥作用，进而对企业的投融资行为发挥重要作用，以及对企业会计业绩和盈余管理都产生显著影响（Kashyap、Stein 和 Wilcox，1993；陆正飞和祝继高，2009；姜国华和饶品贵，2013 等）。

Kashyap、Stein 和 Wilcox（1993）研究发现，宏观货币政策与银行贷款供给显著正相关，主要是通过信贷传导机制发挥作用，主要导致微观企业的投资行为发生显著变化，实证结果验证了基本假设，当宏观货币政策趋于下行时，获得的银行贷款供给将显著降低。Kashyap 等（2000）选取美国银行的数据作为样本研究对象，实证结果显示，宏观货币政策对不同类型银行的影响存在差异，宏观货币政策变动对规模较小、流动性较弱的银行的影响更加显著。Hu（1999）、Generale 等（2001）和 Mojon 等（2002）都通过实证研究发现宏观货币政策通过信贷传导机制和利率传导机制对企业资本成本产生影响，最终对企业的投资行为产生影响。Paul Beaudry 等（2001）选取英国 1970—1990 年上市公司大样本数据，研究发现英国货币政策的变动，对企业相对价格的预测产生直接影响，从而会对企业投资配置产生影响。也就是说，货币政策的变化会对企业投资行为产生影响。Daniel 等（2007）研究了宏观经济状况和趋势对公司盈余管理的影响，发现企业的盈余管理的动机与方式受宏观经济政策的影响，而且宏观经济政策会进一步影响到公司的会计选择和决策行为。

我国学者也对宏观货币政策做了大量的研究，并取得了较为丰硕的成果。索彦峰和范从来（2007）实证研究发现，宏观货币政策与银行贷款供给显著相关，主要通过信贷传导机制发挥作用，进而导致微观企业的融资活动发生变化，最终导致微观企业的投融资行为发生显著变化。陆正飞和祝继高（2009）基于现金持有的权衡理论等基本理论基础，结合宏观货币政策的信贷传导机制，对宏观货币政策对企业现金持有水平的影响进行了实证分析，研究结果显示，我国宏观货币政策的变动与企业现金持有水平显著相关，当我国央行实施比较宽松的货币政策时，通过信贷传导机制使得企业的融资成本大幅度降低，企业的现金持有水平同样会出现大幅度的下降。而当我国央行实施比较紧缩的货币政策时，通过信贷传导机制使得融资成本大幅度提高，考虑到预防性动机理论，现金持有水平也大幅度增加。饶品贵和姜国华（2011）对我国 1998—2008 年的年度数据进行分析，以宏观货币政策为切入点，详细分析了企业会计政策稳健性与银行贷款供给的关系，将宏观货币政策的变化与微观企业会计政策的选择有机地结合在一起，并通过我国货币政策的信贷传导机制，从微观角度分析货币政策对会计稳健性的影响。实证结果表明，当货币政策宽松时，企业所面临信息环境的不确定性降低，企业与投资者之间的信息不对称性也降低，企业能够更方便地申请银行贷款，因此公司所选取的会计政策就会变得更加不稳健。王铭利（2012）研究了货币政策和盈余管理之间的关系，发现宽松的货币政策会导致股票市场融资限制减少，此时不需要特别关注监管部门，也不需要刻意提升公司业绩。他们还发现宏观货币政策对不同治理结构的企业的影响也有差异，相对于央行的存款准备金，贷款利率的调整对企业会计行为的影响更加显著。代光伦等（2012）对我国

2003—2008 年 A 股国有企业进行研究，在总样本分析中发现，在货币政策上行时，公司环境的不确定性减小，导致公司现金持有水平降低，研究结果验证了权衡理论，在对子样本分析时发现，地方政府控制的企业比中央政府控制的企业受货币政策的影响更加显著。饶品贵和姜国华（2011）以宏观货币政策为切入点进行研究，发现公司外部融资能力和债务程度与企业业绩成正比，企业业绩的水平与信贷资源的获得呈正比，国有企业与非国有企业的信贷资源配置受货币政策的影响存在差异。

经过会计学者们 10 多年来的不懈探究，针对企业费用黏性的研究已相对成熟和完善，且现在的研究主要集中在费用黏性的影响因素以及费用黏性的经济后果领域。Banker 和 Chen（2006a）研究发现，资源调整成本中的劳动力费用支出会对费用黏性产生重要影响，且德国和法国费用黏性高于美国和英国；Kama 和 Weiss（2010）发现，当企业的业务量发生变化时，企业的费用黏性会随着调整成本的变化而变动；Banker 等（2010、2011）运用经验研究的方法对费用黏性进行了研究，在业务量减少，但宏观经济环境宽松时，管理者的乐观预期会导致费用黏性的产生；Kama 和 Weiss（2010、2013）认为费用黏性存在于所有国家的各个发展阶段，而且费用黏性的经济后果与会计盈余预测和分析师预测相关联，影响费用黏性的因素不仅包括调整成本，而且还包括盈余管理、管理者预期和管理激励等。

我国学者对费用黏性的研究也十分关注。陈灿平（2008）研究发现，我国东部、西部和中部经济地区的企业费用黏性存在显著差异。韩飞、刘益平（2011）证实了成本费用黏性的反转性和反向性的特征。曹歌（2012）发现，随着产量或销售量的上升或下降，管理者乐观和悲观预期与费用黏性具有显著相关关系。陈磊等（2012）提出，管理者有可能采用"洗大澡"的方式进行盈余管理，意图扭转企业亏损的局面，这就会造成成本费用黏性的严重高估。穆林娟等（2013）研究发现，利用公司治理机制约束管理者自利行为和扩张意图，能够降低成本费用黏性的程度。梁上坤（2013）对公司股权结构进行研究，发现股权集中度与上市公司的成本费用黏性负相关。

但这些研究都囿于微观研究领域。现有的研究成果大多是从微观企业角度出发，从管理者主观角度出发，研究资源调整成本、管理层预期和代理问题对企业费用黏性行为的影响，并没有考虑其他外部因素的影响，比如宏观经济政策和通货膨胀程度等，费用黏性的研究并没有将微观企业行为、企业产出与宏观经济政策相结合。

6.1.1　宏观货币政策与企业费用黏性的理论分析

本节尝试研究宏观货币政策对企业费用黏性的影响，但由于经济学的宏观货币政策和财务会计学的费用黏性存在学科之间的"割裂"现状，无法直接将两个领域的热点问题进行交叉研究。在饶品贵和姜国华（2011）创建的以宏观经济政策和微观企业行为相互作用为基础的分析框架的启发下，借鉴该研究框架的分析模式，本节尝试分析宏观货币政策对企业费用黏性的影响，更加系统、全面地分析费用黏性的影响因素，拓展现有费用黏性影响因素的分析模式。

本节对宏观货币政策研究框架及传导机制进行汇总。如图6-1所示，微观企业行为包括融资决策行为、投资决策行为、会计政策选择、内部控制和公司治理等，企业产出包括企业业绩、盈余能力、资本成本和治理结构等。

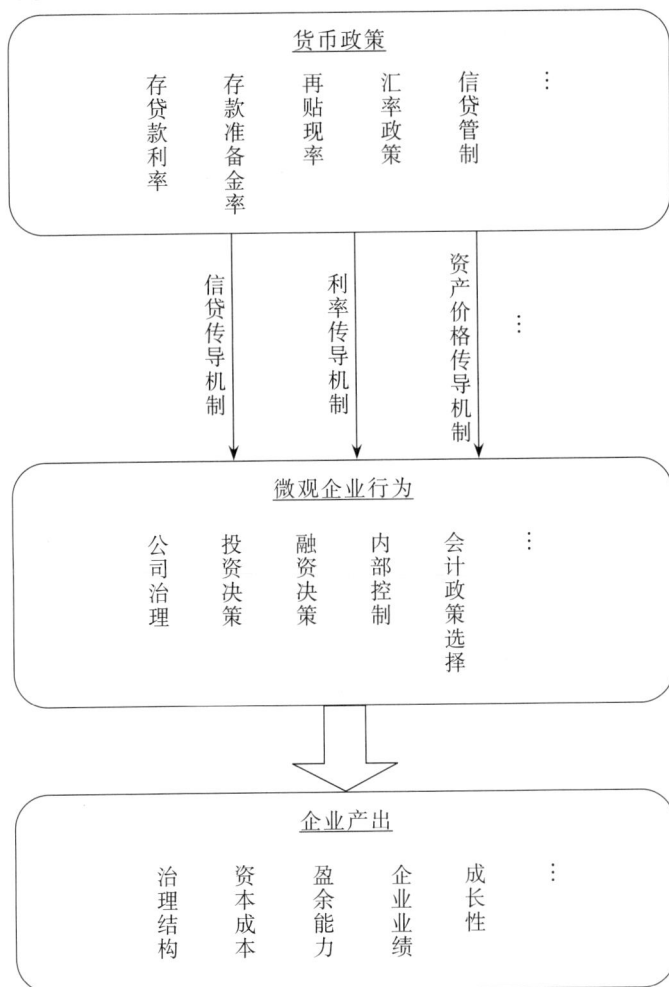

图6-1 货币政策研究框架及传导过程

由于个人能力和知识有限，图6-1中所列举的货币政策、微观企业行为和企业产出所包含的具体内容并不是全部内容，只是罗列其中的一部分。宏观货币政策公认的主要传导机制主要包括以下三种：一是信贷传导机制（Credit Channel）；二是利率传导机制；三是资产价格传导机制。利率传导机制和资产价格传导机制有时也被统称为货币传导机制（Money Channel），学术界主要通过这三种传导机制对微观企业主体行为进行影响。这些传导机制之间也存在一定的差异，信贷传导机制主要通过银行提供的贷款供给对微观企业行为产生影响，而货币传导机制更倾向于通过利率的变化影响微观企业投资和融资行为等。由于我国整体经济环境不如西方发达国家，我国的利率等市场化还未完全实现，我国企业的融资行为仍主要受限于银行的贷款供给，所以我国货币政策的主要传导机制是信贷传导机制（Allen 等，2005），加之银行业本身也是国家和政府管制的重点行业，因此国家或政府的宏观货币政策是影响我国微观企业行为的主要因素。国内经济学学者们经过最近这十几年的研究，证明了信贷传导机制在国内市场的存在性，并发现其是主要渠道。周英章和蒋振声（2002）、盛朝晖（2006）都发现宏观货币政策基本都是依靠信贷渠道对国内市场活动产生影响的。索彦峰和范从来（2007）在Bernanke 和 Blinder（1992）研究的基础上，选取1999年到2006年的数据作为样本，探讨了宏观货币政策能通过国内信贷渠道对企业的银行贷款供给产生影响，主要是通过资产组合的方式对企业融资规模和融资成本产生影响的，并最终导致对企业融资活动和投资活动产生显著的影响。

如上文所述，国内外学者对宏观货币政策做了大量的研究，也取得了丰硕的成果。通过对宏观货币政策不同传导机制的剖析，学者们实证研究，发现宏观货币政策的变动会通过对微观企业的贷款供给、债务融资成本、资本成本等产生影响，主要通过对企业的投融资决策发挥至关重要的作用，最终对企业会计业绩和盈余管理都发挥至关重要的作用。

在借鉴饶品贵和姜国华（2011）研究框架分析模式的基础上，考虑到宏观货币政策是微观企业所面临的宏观经济政策中最主要的宏观事件，以及图6-1宏观货币政策研究框架和传导机制，尝试分析宏观货币政策与费用黏性之间存在的关系。具体理论分析思路如图6-2所示。

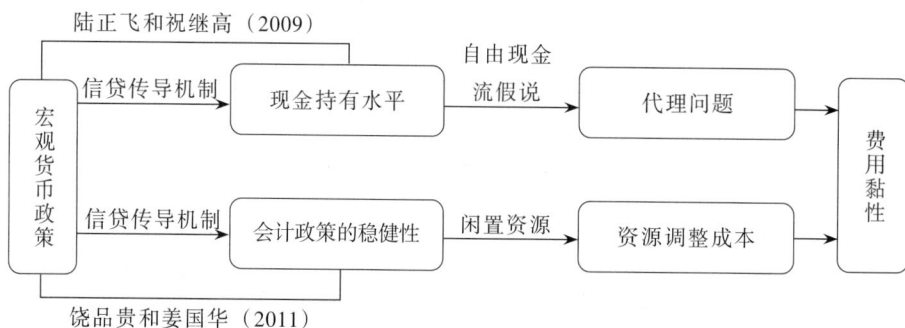

图6-2　第6章理论分析思路图

根据图6-2，首先着重介绍陆正飞和祝继高（2009）与饶品贵和姜国华（2011）关于宏观货币政策与现金持有水平、会计政策的稳健性相关关系的实证研究成果。2009年，陆正飞和祝继高以宏观货币政策为切入点，针对其对企业现金持有水平的影响进行实证研究。他们首先分析了现金持有的基本理论基础：权衡理论和代理理论。权衡理论（Trade off Theory）认为，考虑到交易性和预防性动机需要，而往往持有一定水平的现金，这样有利于企业更好地进行经营活动。另一方面，持有现金相应地也会导致机会成本等费用支出，所以公司需要根据收益与成本来权衡具体持有现金的多少。Opler等（1999）、Ozkan和Ozkan（2004）、Han和Qiu（2007）都支持持有现金的权衡理论观点。代理理论认为企业管理层和股东在目标函数上并不完全一致，两者之间存在着代理问题，Michael C. Jenson等（1976）提出了"自由现金流假说"，企业管理层往往利用对持有现金的不当处理来谋取个人利益，因此企业现金持有水平也体现了管理层和股东之间的代理问题。Jensen和Meckling（1976）、Myers和Majluf（1984）、Dittmar等（2003）的研究结果都支持现金持有水平基本理论基础之一的代理理论观点。基于以上现金持有基本理论基础，以及对宏观货币政策的信贷传导机制进行实证分析，研究结果显示，我国宏观货币政策的变动与企业现金持有水平显著相关：当我国央行实施比较宽松的货币政策时，通过信贷传导机制使得企业的融资成本大幅度减少，企业的现金持有水平同样会出现大幅度下降；而当我国央行实施比较紧缩的货币政策时，通过信贷传导机制使得公司的融资成本大幅度增加，考虑到现金持有的预防性动机，公司的现金持有水平也会大幅度增加。

2011年，饶品贵和姜国华结合宏观货币政策的信贷传导机制，研究企业会计政策稳健性与银行贷款供给之间的关系，将宏观货币政策的变化与微观企业会计政策的选择有机地结合在一起，从微观角度分析宏观货币政策对会计政策稳健性的影响。稳健性会计政策的选择主要是满足债权人的需要，因为债权人更倾向于关注财务报告中企业盈余能力和偿债能力的可靠性信息（Watts，2003）。当我国实施比较紧缩的宏观货币政策时，导致债权人、投资者等与企业之间的信息不确定性水平上升，也导致企业的融资成本上升，融资规模受限。这时的债权人、投资者和贷款银行为了保障贷款的可偿还性，特别关注债务合约中可能出现的违约风险，因此会更加关注财务报告关于偿债能力的信息，企业为了提高获得贷款的可能性，会更好地进行融资和投资活动，规避公司的过度投资行为，提高企业会计政策选择的稳健性程度，进一步提高企业会计信息质量。而且从税负角度来看，由于宏观货币紧缩期间企业的盈余指标都会有所下降，企业往往更倾向于通过采用稳健性会计选择的方式降低应税所得。Guenther（1997）、Shackelford等（2001）和Watts

（2003）都验证了会计政策、方法的选择会对企业应税所得产生影响的观点。基于以上分析，他们提出基本假设：宏观货币政策与微观企业主体的会计稳健性是显著相关的，宏观经济政策越紧缩，微观企业的会计稳健性就越强。实证结果验证了他们的基本假设，另外他们还发现宏观货币政策对国有企业和非国有企业会计稳健性的影响存在差异，不同的宏观货币政策对非国有企业的会计政策选择的稳健性要求更高。

　　分析了宏观货币政策通过信贷的传导机制对现金持有水平和会计稳健性的影响后，我们完成了研究框架的第一个步骤。接下来，我们尝试分析现金持有水平和会计稳健性是否会对费用黏性产生影响。这部分我们主要是结合宏观货币政策的传导机制，从财务会计学角度、从微观层面分析企业主体行为对企业费用黏性的影响。

　　当宏观货币政策宽松时，企业的融资成本降低，融资规模不再受到限制，企业就会降低自身的现金持有水平，避免因持有富余现金而产生成本。如上文所述，公司持有现金的基本理论基础包括代理理论，同时代理理论的"自由现金流假说"认为，企业现金持有水平体现了管理层和股东之间的代理问题。自由现金流假说认为，当企业持有自由现金流水平较高时，如果企业没有可获利的投资项目，管理者应该采取支付股利等方式将现金流向股东。而他们一般不会考虑这个选择，他们会行使对持有现金的自由裁量权，优先选择以下几种处理方式：用于提高管理层的薪酬、个人福利待遇以及在职消费等（Michael C. Jenson 等，1976）；用于"帝国构建"行为，进一步壮大自身在企业的利益和地位（Shleifer 等，1997；Chen、Lu 和 Sougiannis，2008）；用于多元化并购等（Morck 等，1990）。企业管理层利用这些对持有现金的不当处理来谋取个人利益，不惜以损害股东利益为代价，这就产生了代理成本。因此企业持有自由现金流往往被用来衡量股东和管理层的代理成本，而这种代理问题的出现又对企业的费用黏性产生了重要影响。

　　委托代理理论认为，由于股东和管理层之间存在代理问题，一些学者在研究时有时也称其为"机会主义观"或"管理层自利行为"。管理层在进行企业成本费用决策时会偏离股东利益最大化目标，存在管理层代理问题现象，这些代理问题常常会导致成本性态与企业资源的最优化之间出现不相同现象，最终导致费用黏性现象的出现。代理理论认为，管理者主要倾向于从薪酬和自身能够控制的资源这两个角度来维护自身的利益。当宏观货币政策宽松时，企业的融资成本降低，融资规模不再受到限制，企业就会有多余的自由现金流需要降低，当企业的产量或销售量增加时，管理层为了自身利益的最大化，会将多余的现金流用于过度增加他们所能控制的资源（购买原材料、劳动力等），同时会大幅度增加自己的薪酬；当企业产量或销售量下降时，企业管理层会推迟削减成本费用决策，规避减少或小幅度减少自身所能控制的资源，同时也不会轻易降低自身的薪酬，避免影响自己在公司中的利益和地位等，避免对他们未来的工作产生影响，这些使得业务量和企业费用变化存在非对称性，导致费用黏性行为的出现。当货币政策趋于紧缩时，公司的融资成本增加，融资规模有所约束，公司持有的现金流出现匮乏，考虑到预防性动机，公司往往会提高现金持有水平，即使公司的产量或销售量增加，管理层为了公司更好地进行信贷融资，也会放弃或减少"帝国构建"等管理自利行为；当企业产量或销售量下降时，企业管理层会立刻削减成本费用，导致企业费用黏性变小。

宏观货币政策越紧缩，信息环境的不对称性就越大，微观企业的会计稳健性就越强。会计政策稳健性要求企业的会计政策选择坚持谨慎性原则，主要是为了防止企业高估资产和收益等行为，对闲置资本（生产资料、劳动力等）的清理符合会计稳健性的基本要求。当宏观货币政策紧缩时，企业的会计稳健性会增加，如果企业的销售量上升，管理层为了更好地获取银行的贷款，企业会延迟增加成本费用（比如招募员工等）；如果企业的销售量下降，根据会计稳健性政策的要求，企业的闲置资源往往会被立即处理，这就产生了资源的调整成本，根据第3章的理论分析，基于经济学的"契约观"理论，资源的调整成本能够很好地解释企业费用黏性的变化规律，契约观认为，为了降低企业经营所需成本，并维持企业的长期持续经营，企业往往在资源成本较低时进行资源购置，并且倾向于与资源供应者签订长期的契约。而这些合同或协议一旦签订，如果企业管理者短期内对资源进行调整，就将面临长期契约的较高调整成本。而且企业向上调整承诺资源的边际成本要小于企业向下调整承诺资源的边际成本，这就导致了费用黏性的产生。当宏观货币政策宽松时，信息环境的不对称性减弱，微观企业的会计稳健性也减弱，当企业的销售量上升时，此时公司融资成本降低，融资规模不再受到约束，管理层会提高费用支出；当公司的业务量下降时，此时会计政策的稳健性变弱，往往不会立刻削减闲置资源，这就使得费用黏性变大。

基于以上内容，本节提出第一个假设：

H1：当宏观货币政策宽松时，企业费用黏性会增加，当宏观货币政策紧缩时，企业费用黏性会降低。

6.1.2　宏观货币政策与企业费用黏性的实证分析

根据本节上述的理论分析，为验证本节的研究假设，本节进行模型设计和构建回归模型，用来研究宏观货币政策对企业费用黏性的影响，并对变量的选取和变量的界定进行解释。

本节被解释变量为企业费用黏性，研究费用黏性时主要采用的是 ABJ（2003）提出的 Change 模型和 Level 模型，这两个模型是学者们进行费用黏性实证研究的经典模型。由于最近几年学者们在研究费用黏性的影响因素时，往往更倾向于采用 Dan Weiss（2010）的研究方法，而且这种研究方法更加有利于对费用黏性非财务会计学领域影响因素的研究，以及对费用黏性经济后果的研究，考虑到本节主要研究经济学领域宏观货币政策与费用黏性的关系，因此本节也选取 Dan Weiss（2010）的研究方法，采用企业销售收入和销管费用（销售费用+管理费用）的季度数据计量该年度的费用黏性：

$$Sticky_{i,\lambda} = \log \left(\frac{\Delta Cost}{\Delta Sale} \right)_{i,\lambda} - \log \left(\frac{\Delta Cost}{\Delta Sale} \right)_{i,\bar{\lambda}}, \underline{\lambda}, \bar{\lambda} \in \{ \lambda,...,\lambda - 3 \} \tag{6-1}$$

在模型（6-1）中，$\underline{\lambda}$ 是指 λ 年最接近年末的收入降低的季度；$\bar{\lambda}$ 是指 λ 年最接近年末的收入增加的季度；$\Delta Cost$ 是指企业的销售费用和管理费用的季度增长率；$\Delta Sale$ 是指企业营业收入的季度增长率；Sticky 为负值时，表明销售收入下降时，费用减少的幅度小于销售收入上升时费用增加的幅度，企业存在费用黏性，且 Sticky 值越小，费用黏性就越大。

本节的解释变量为宏观货币政策衡量指标（MP），国际上公认的衡量宏观货币政策宽松水平的方法主要有三类：一类是根据 Freedman 提供的宏观货币指数，计量方法是首先确定基期，然后根据国内利率、汇率的水平与基期的利率、汇率相比较的加权平均数计算所得；一类是 Kashyap 等提供的根据商业票据与银行贷款增长之间的相关关系来衡量宏观货币政策的宽松水平，这类方法在国外学者研究过程中被普遍采用，并取得了较好的研究成果；还有一类方法就是选取 M_2 增长率与同期国内生产总值（GDP）、居民消费物价指数（CPI）之和进行做差来计量宏观货币政策的宽松水平。因为我国货币政策公认的主要传导渠道是货币供应量，加之我国国内利率市场化仍未真正实现，能够自由发行商业票据的公司仍旧属于少数，所以本节采用第三类衡量方法来计量宏观货币政策的宽松水平。主要采用段云等（2012）的方法，将各年 M_2 增长率与 GDP 增长率、居民消费物价指数（CPI）增长率之和做差进行比较：

$$MP = \frac{\Delta M_2}{M_2} - \left(\frac{\Delta GDP}{GDP} + \frac{\Delta CPI}{CPI} \right) \tag{6-2}$$

在模型 6-2 中，MP 是宏观货币政策的衡量指标；$\Delta M_2/M_2$ 是指货币供应量增长率；$\Delta GDP/GDP$ 是指同期 GDP 经济增长率；$\Delta CPI/CPI$ 是指居民消费物价指数增长率。如果 MP>0，说明该年宏观货币政策宽松；如果 MP<0，则说明该年宏观货币政策紧缩。

为检验这一假设，研究宏观货币政策对费用黏性的影响，本书建立模型 6-3 如下：

$$Sticky_{i,\lambda} = \alpha_0 + \alpha_1 \cdot MP_{i,\lambda} + \alpha_2 \cdot CAP_{i,\lambda} + \alpha_3 \cdot Lab_{i,\lambda} + \alpha_4 \cdot MSHR_{i,\lambda} + \varepsilon_{i,\lambda} \tag{6-3}$$

模型变量的选取和变量的界定见表6-1。

表6-1   模型变量的选取和变量的界定

变量类型	变量名称	变量符号	变量定义
因变量	费用黏性	$Sticky_{i,\lambda}$	选取Dan Weiss（2010）的研究方法，采用季度数据确定年度数据
解释变量	宏观货币政策	$MP_{i,\lambda}$	M_2增长率-（GDP增长率-CPI增长率）
控制变量	资本密集度	$CAP_{i,\lambda}$	企业年末总资产/当年营业收入
	劳动密集度	$Lab_{i,\lambda}$	年末应付职工薪酬/当年营业收入
	管理层持股比例	$MSHR_{i,\lambda}$	管理层持股数量/总股数

控制变量包括：$CAP_{i,\lambda}$为资本密集度，是企业年末总资产与当年营业收入之比；$Lab_{i,\lambda}$为劳动密集度，是年末应付职工薪酬与当年营业收入之比；$MSHR_{i,\lambda}$为管理层持股比例，是管理层持股数量与总股数之比。

在模型分析过程中，本节研究主要观察$MP_{i,\lambda}$的回归系数α_1，根据本节假设1，在分析宏观货币政策对企业费用黏性的影响时，本节预期回归系数α_1显著为负。

我国新企业会计准则于2007年开始施行，为避免新旧准则在会计核算上的差异，进而减少会计准则变动对财务数据的影响，本节选取样本研究的时间跨度为2007—2014年。本节首先选取2007—2014年度沪深A股非金融类上市公司的季度财务数据为研究对象，对研究样本筛选过程如下：

（1）因为存在财务危机的样本公司的财务数据与其他样本公司财务数据存在较大差异，为保证样本数据的客观性，故首先剔除被ST或PT的样本公司；

（2）采用Dan Weiss（2010）的筛选方法，去掉变量缺失和同一年所有季度营业收入持续上涨或持续降低的样本；

（3）剔除符合以下条件的样本：营业收入不大于0、销售费用不大于0、管理费用不大于0的样本公司；

（4）为避免极端值对实证结果产生的影响，保持实证结果的可靠性，本节对主要连续变量进行上下1%水平的Winsorize处理，即将所有小于1%分位数（大于99%分位数）的观测值修改为与1%分位数（99%分位数）的观测值相同。

最终获得794家样本公司，共6 352个观测值。针对最终样本企业进行的行业分布分析见表6-2，发现制造业企业多达483家，占所有研究样本企业的61%。批发和零售贸易企业有100家，占所有研究样本比重为13%。其他行业企业所占比重都比较少，都在5%左右。这和企业费用黏性存在行业性差异的研究结果（孔玉生等，2007；刘武，2008；刘彦文等，2009）相吻合。

表6-2　　　　　　　　　　　样本公司行业分布分析

行业类型	样本公司数	所占比重
制造业	483	61%
批发和零售贸易业	100	13%
房地产业	47	6%
信息技术业	37	4%
采掘业	24	3%
社会服务业	21	3%
电力、煤气	20	3%
交通运输、仓储业	19	2%
综合类	14	2%
建筑业	10	1%
农、林、牧、渔业	10	1%
传播与文化产业	9	1%
总　计	794	100%

本节所选取的上市公司财务报表数据来源于国泰安数据研究服务中心的"CSMAR数据库"，管理层持股比例数据来源于Wind数据库，年度居民消费物价水平等宏观货币政策相关指标摘自我国国家统计局官方网站。

本节主要运用Spss19.0、Stata11.0和Excel2007统计分析软件进行数据处理和描述性统计分析。

表6-3为2007—2014年全样本主要变量的描述性统计。费用黏性（Sticky）的平均值为-0.0368、中位数为-0.0385，均为负值，说明我国上市公司样本确实存在企业费用黏性，最大值为0.6114、最小值为-0.6426、标准差为0.1975，说明样本企业费用黏性变化差异较大；宏观货币政策的衡量指标（MP）的平均值为0.0451、中位数为0.0295，均为正值，说明2007—2014年我国宏观货币政策比较宽松，最大值为0.2210、最小值为-0.0200、标准差为0.0701，说明我国样本期间各年宏观货币政策之间的差异不大；资本密集度（CAP）的平均值为2.0372、中位数为1.5349、最大值为10.2919、最小值为0.3352、标准差为1.6896，说明企业的资本密集度差异很显著，这是由于我国东部整体经济水平较高，企业多以资本密集型为主，而中部和东部整体经济发展相对落后，资本密集型企业较少；劳动密集度（Lab）的平均值为0.0163、中位数为0.0098、最大值

为0.1061、最小值为0.0001，标准差为0.0188，说明我国企业劳动密集度差异不大，我国绝大部分企业仍然以劳动密集型为主。管理层持股比例（MSHR）的平均值为0.0008、中位数为0.0000、最大值为0.0322、最小值为0.0000、标准差为0.0039，说明我国企业管理层持股比例普遍偏低。

表6-3　　　　　　**全样本主要变量描述性统计（2007—2014年）**

变量符号	平均值	中位数	最大值	最小值	标准差
Sticky	-0.0368	-0.0385	0.6114	-0.6426	0.1975
MP	0.0451	0.0295	0.2210	-0.0200	0.0701
CAP	2.0372	1.5349	10.2919	0.3352	1.6896
Lab	0.0163	0.0098	0.1061	0.0001	0.0188
MSHR	0.0008	0.0000	0.0322	0.0000	0.0039
N	6 352	6 352	6 352	6 352	6 352

表6-4、表6-5分别为2007—2014年国有上市公司和2007—2014年民营上市公司主要变量的描述性统计。国有上市公司费用黏性（Sticky）的平均值为-0.0384、中位数为-0.0361，均为负值，说明我国国有上市公司样本确实存在企业费用黏性，最大值为0.5302、最小值为-0.6299、标准差为0.1858，说明样本企业费用黏性变化差异较大，而民营上市公司费用黏性（Sticky）的平均值为-0.0339、中位数为-0.0451，均为负值，说明我国民营上市公司样本也确实存在企业费用黏性，最大值为0.7181、最小值为-0.6871、标准差为0.2196，说明样本企业费用黏性变化差异较大；国有上市公司的宏观货币政策（MP）的平均值为0.0451、中位数为0.0310，均为正值，最大值为0.2210、最小值为-0.0200、标准差为0.0700，而民营上市公司宏观货币政策（MP）的平均值为0.0451、中位数为0.0280，均为正值，最大值为0.2210、最小值为-0.0200、标准差为0.0703，说明2007—2014年我国宏观货币政策比较宽松，也说明我国2007—2014年各年宏观货币政策之间的差异不大；国有上市公司资本密集度（CAP）的平均值为1.9296、中位数为1.4329、最大值为10.9165、最小值为0.3364、标准差为1.7012，而民营上市公司资本密集度（CAP）的平均值为2.2477、中位数为1.7543、最大值为9.5648、最小值为0.3028、标准差为1.6810，说明国有和民营上市公司的资本密集度差异都很显著；国有上市公司劳动密集度（Lab）的平均值为0.0163、中位数为0.0098、最大值为0.1025、最小值为0.0001、标准差为0.0187，而民营上市公司劳动密集度（Lab）的平均值为0.0161、中位数为0.0097、最大值为0.1068、最小值为0.0001、标准差为0.0187，说明我国国有和民营上市公司企业劳动密集度的差异都不大；国有上市公司管理层持股比例

（MSHR）的平均值为 0.0002、中位数为 0.0000、最大值为 0.0074、最小值为 0.0000、标准差为 0.0009，而民营上市公司管理层持股比例（MSHR）的平均值为 0.0041、中位数为 0.0000、最大值为 0.01847、最小值为 0.0000、标准差为 0.0221，说明我国企业管理层持股比例普遍偏低，但民营上市公司管理层持股比例略大于国有上市公司管理层持股比例。

表6-4　　　　国有上市公司主要变量描述性统计（2007—2014年）

变量符号	平均值	中位数	最大值	最小值	标准差
Sticky	−0.0384	−0.0361	0.5302	−0.6299	0.1858
MP	0.0451	0.0310	0.2210	−0.0200	0.0700
CAP	1.9296	1.4329	10.9165	0.3364	1.7012
Lab	0.0163	0.0098	0.1025	0.0001	0.0187
MSHR	0.0002	0.0000	0.0074	0.0000	0.0009
N	4 163	4 163	4 163	4 163	4 163

表6-5　　　　民营上市公司主要变量描述性统计（2007—2014年）

变量符号	平均值	中位数	最大值	最小值	标准差
Sticky	−0.0339	−0.0451	0.7181	−0.6871	0.2196
MP	0.0451	0.0280	0.2210	−0.0200	0.0703
CAP	2.2477	1.7543	9.5648	0.3028	1.6810
Lab	0.0161	0.0097	0.1068	0.0001	0.0187
MSHR	0.0041	0.0000	0.01847	0.0000	0.0221
N	2 189	2 189	2 189	2 189	2 189

为了检验宏观货币政策对企业费用黏性的影响，本书选用 Spss19.0 对样本数据进行回归分析。回归结果见表6-6。

表6-6　　　　　宏观货币政策对费用黏性影响的回归结果

变　量	系　数	T值
常数项（α_0）	−0.009*	−1.906
MP（α_1）	−0.130***	−3.502
CAP（α_2）	−0.005***	−3.136
Lab（α_3）	−0.749***	−5.224
MSHR（α_4）	0.132	0.199
调整后 R^2	10.4%	
F值	15.664***	
N值	6 352	

注：***表示在1%的置信水平上显著，**表示在5%的置信水平上显著，*表示在10%的置信水平上显著。

82

　　表6-6是宏观货币政策对费用黏性影响的回归结果，根据模型（6-3）对样本进行回归分析，发现模型中MP回归系数α_1为-0.130，在1%的置信水平上显著为负，与本节H1一致，验证了宏观货币政策和费用黏性水平显著正相关。当宏观货币政策宽松时，Sticky数值就越小，企业费用黏性就越大；当宏观货币政策紧缩时，Sticky数值就越大，企业费用黏性就越小。模型（6-3）中资本密集度（CAP）回归系数α_2为-0.005，在1%的置信水平上显著为负，劳动密集度（Lab）回归系数α_3为-0.749，在1%的置信水平上显著为负，验证了资本密集度和劳动密集度与企业费用黏性显著正相关，证明了"契约观"的观点，这与ABJ（2003）的研究结果相同；模型（6-3）中管理层持股比例（MSHR）回归系数α_4为0.132，在统计学上不显著，未验证管理层持股比例对企业费用黏性的影响。

　　为检验本节关于宏观货币政策对企业费用黏性影响的研究结果的可靠性和稳健性（Robust），我们对本节的研究结论进行稳健性检验。

　　（1）为了使本节研究结论更加准确和稳健，本节将全样本按照产权性质进一步分析，按照实际控制人区分为国有上市公司和民营上市公司。根据国泰安数据库的实际控制人变量定义，国有上市公司实际控制人性质代码是1100、2100-2015，其他实际控制人性质代码的企业划分为民营上市公司。通过Wind数据库和巨潮资讯网提供的财务报表来进一步补充实际控制人性质代码缺失的数据，最终获得4 163家国有上市公司观测值和2 189个民营上市公司观测值，重新检验了本节H1，选用Spss19.0对样本数据进行回归分析，检验结果见表6-7、表6-8。

表6-7　　　　　　　　　　国有上市公司费用黏性的回归结果

变　量	系　数	T值
常数项（α_0）	-0.010**	-1.966
MP（α_1）	-0.125***	-2.905
CAP（α_2）	-0.004**	-2.282
Lab（α_3）	-0.913***	-5.363
MSHR（α_4）	3.101	0.931
调整后R^2	12.2%	
F值	14.035***	
N值	4 163	

　　注：***表示在1%的置信水平上显著，**表示在5%的置信水平上显著，*表示在10%的置信水平上显著。

表6-8   民营上市公司费用黏性的回归结果

变　量	系　数	T值
常数项（α_0）	−0.005	−0.574
MP（α_1）	−0.140**	−1.991
CAP（α_2）	−0.006**	−2.168
Lab（α_3）	−0.482*	−1.800
MSHR（α_4）	0.013	0.058
调整后R^2	8.3%	
F值	3.445***	
N值	2 189	

注：***表示在1%的置信水平上显著，**表示在5%的置信水平上显著，*表示在10%的置信水平上显著。

表6-7、表6-8分别为国有上市公司和民营上市公司费用黏性的回归结果，与本节的研究结论基本保持一致。国有上市公司宏观货币政策（MP）回归系数α_1为−0.125，在1%置信水平上显著为负；民营上市公司宏观货币政策（MP）回归系数α_1为−0.140，在5%置信水平上显著为负，都验证了本节H1宏观货币政策与企业费用黏性显著正相关。当宏观货币政策宽松时，企业费用黏性会增加，当宏观货币政策紧缩时，企业费用黏性会降低，研究结果基本没有发生变化。

（2）基于行业差异可能对本节研究结论产生影响的考虑。从表6-2最终样本的行业分布可以看出，制造业公司有483家之多，占所有样本的比重达到61%，而且制造业企业本身具有较强的费用黏性，与存在费用黏性的样本类似。因此本节我们选取183家制造业企业作为样本公司，重新检验了本节H1，同样选用Spss19.0对样本数据进行回归分析，检验结果见表6-9。

表6-9   制造业企业费用黏性回归结果

变　量	系　数	T值
常数项（α_0）	−0.022***	−3.895
MP（α_1）	−0.204***	−3.895
CAP（α_2）	−0.008***	−4.117
Lab（α_3）	−0.559***	−3.362
MSHR（α_4）	0.071	0.441
调整后R^2	13.5%	
F值	16.024***	
N值	3 864	

注：***表示在1%的置信水平上显著，**表示在5%的置信水平上显著，*表示在10%的置信水平上显著。

通过稳健性检验，表6-9所示的回归结果与本节的研究结论基本保持一致。制造业企业宏观货币政策（MP）回归系数α_1为-0.204，在1%置信水平上显著为负，验证了本节H1宏观货币政策与企业费用黏性显著正相关，当宏观货币政策宽松时，企业费用黏性会增加；当宏观货币政策紧缩时，企业费用黏性会降低，研究结果基本没有发生变化。

根据上述稳健性回归结果分析，本节的研究结论是比较稳健的。

本节主要研究宏观货币政策对企业费用黏性的影响。将经济学的宏观货币政策研究和财务会计学的费用黏性研究进行交叉研究，不仅有助于对宏观货币政策的理解，也开拓了原有会计研究的视野，不仅用资源的调整成本理论和代理问题解释费用黏性的变化，同时也分析了宏观货币政策对企业费用黏性变化的影响。具体分析思路如下：根据饶品贵和姜国华提出的研究框架，首先分析宏观货币政策与微观企业行为的关系，并着重分析了宏观货币政策的信贷传导机制。着重介绍陆正飞和祝继高与饶品贵和姜国华关于宏观货币政策与持有现金水平和会计稳健性相关关系的实证成果。陆正飞和祝继高认为宏观货币政策与公司现金持有水平显著负相关。当央行实施宏观货币政策宽松时，公司现金持有水平下降；当央行实施宏观货币政策紧缩时，公司的现金持有水平会上升。饶品贵和姜国华认为宏观经济政策越紧缩，微观企业的会计稳健性就越强，宏观经济政策越宽松，微观企业的会计稳健性就越弱。其次分析微观企业行为和企业产出的关系。在陆正飞和祝继高（2009）与饶品贵和姜国华（2011）研究结论的基础上，分别结合代理问题对费用黏性的影响与资源调整成本对费用黏性的影响进行理论分析，并提出基本假设，即当宏观货币政策宽松时，企业费用黏性会增加，当宏观货币政策紧缩时，企业费用黏性会降低。

本节在实证部分，首先选取2007—2014年度沪深A股非金融类上市公司的季度财务数据为样本对象，经数据筛选后，最终获得794家样本企业，共6 352个观测值，然后分析宏观货币政策对企业费用黏性的影响。经实证分析，主要得出以下几点结论：

（1）模型中MP回归系数α_1为-0.130，在1%置信水平上显著为负，与本节H1一致，验证了宏观货币政策和费用黏性水平显著正相关。在分析宏观货币政策对微观企业行为传导机制的基础上，结合代理问题对费用黏性的影响与资源调整成本对费用黏性的影响。研究发现，当宏观货币政策宽松时，Sticky数值就越小，企业费用黏性就越大；当宏观货币政策紧缩时，Sticky数值就越大，企业费用黏性就越小。

（2）模型中资本密集度（CAP）回归系数α_2为-0.005，在1%置信水平上显著为负，劳动密集度（Lab）回归系数α_3为-0.749，在1%置信水平上显著为负，验证了资本密集度和劳动密集度与企业费用黏性显著正相关，证明"契约观"的观点，这与ABJ（2003）的研究结果相同；模型中管理层持股比例（MSHR）回归系数α_4为0.132，在统计学上不显著，未验证管理层持股比例对企业费用黏性的影响。

本节的实证检验结果与理论假设基本一致，当宏观货币政策宽松时，企业费用黏性会增加，当宏观货币政策紧缩时，企业费用黏性会降低。本节还进行了稳健性检验，稳健性检验的回归结果与本节的研究结论基本保持一致，国营上市公司费用黏性的回归结果和民营上市公司费用黏性的回归结果，与本节的研究结论基本保持一致。将全样本按产权性质进行划分，研究结果表明，国营上市公司宏观货币政策（MP）回归系数α_1为-0.125，在1%置信水平上显著为负，民营上市公司宏观货币政策（MP）回归系数α_1为-0.140，在5%置信水平上显著为负，都验证了本节H1宏观货币政策与企业费用黏性显著正相关；制造业宏观货币政策（MP）回归系数α_1为-0.204，在1%置信水平上显著为负，验证了本节H1宏观货币政策与企业费用黏性显著正相关，当宏观货币政策宽松时，企业费用黏性会增加，当宏观货币政策紧缩时，企业费用黏性会降低，研究结果基本没有发生变化。

本节基于饶品贵和姜国华创建的新的研究框架的分析模式，尝试分析宏观货币政策，通过宏观货币政策与微观企业行为的传导机制，结合代理问题对企业费用黏性的影响与资源调整成本对企业费用黏性的影响，最终分析出宏观货币政策对企业费用黏性产生的影响。尝试将经济学的宏观货币政策和财务会计学的费用黏性研究进行学科交叉研究，不仅有助于对宏观货币政策的理解，也开拓了原有会计研究的视野，不仅用资源的调整成本理论和代理问题解释费用黏性的变化，同时也用经济学的宏观货币政策解释了企业费用黏性的变化，更加系统、全面地分析了费用黏性的影响因素，也验证了"宏观经济政策和微观企业行为关系"研究框架对未来学术研究的可行性。

6.2 市场化指数与企业费用黏性研究

本节主要研究市场化指数（主要是指地区要素市场发育程度）对费用黏性的影响。将经济学的市场化指数研究和财务会计学的费用黏性研究进行交叉研究，有助于开拓会计研究视野，不仅用资源的调整成本理论（Adjustment Costs）和代理问题解释费用黏性的影响因素，同时也考虑了受宏观经济政策影响的地区要素市场发育水平对企业费用黏性变化的作用。

6.2.1 市场化指数与企业费用黏性的理论分析

在过去的几十年里，市场化这一经济学术语在全球范围内被广泛地关注和研究。所谓市场化就是指在市场经济条件下对市场发育程度的测度和评估。一般采用经济自由度指数（Index of Economic Freedom）这个指标对世界上不同国家和地区进行打分和排名。具有广泛影响力的是加拿大 Fraser 研究所的《世界经济自由度报告》，以及美国的《经济自由度指数》（EFI），采用国际公认的50个经济自由度指标组成测度体系，对世界范围内179个国家和地区的市场化指数进行打分，并按照总计得分的高低划分为5个等级。

在我国，市场化指数直到20世纪90年代才开始逐渐引起国内学者的关注，开始研究中国市场化程度的衡量指标。通过构建指标体系和测评一系列指标，最终得出了许多具有实用价值的结论。卢中原和胡鞍钢（1993）在对投资、价格、工业生产和商业等市场化指数分别进行评估的基础上，首次加权评估了中国整体市场化水平。顾海兵（1997）主要对劳动力、价格、资金和生产等市场化指数进行了测算，并根据评估结果认为未来市场化水平会加速提高。李晓西等（2008）根据由33个指标组成的测度体系，测算出2001—2006年连续6年的市场化指数。曾学文等（2010）对我国31年的市场化水平进行连续观测评估，并对评估结果进行阶段性分析。董晓宇和郝灵艳（2010）在分析1978—2007年的市场化指数评分和测度的基础上，定量化和定质化研究市场化程度，首次将市场化程度作为制度变量引入实证研究。樊纲和王小鲁（2011）发表了"中国市场化指数——各地区市场化相对进程2011年度报告"，从政府与市场的关系、非国有经济的发展、产品市场的发育程度、市场中介组织发育和法律制度环境这5个方面构建了15个指标（不包括分指标）体系，采用主成分分析法等，测量出2001—2009年全国31个省及地区的市场化指数，并对各年度指数进行排名和分析。

我国在市场化进程中，由于受到非均衡宏观经济政策等因素的影响，要素市场存在着严重的不均衡的"扭曲"现象。我国要素市场在计划经济时代发育程度极低，直到实施经济体制改革开始，才逐渐有所发展。但整体要素市场的发育水平较低，而且各地区要素市场的发育水平差异很大。各地区要素市场发育程度除了是由自然条件、地理和历史原因导致了差异，也跟我国在进行市场化改革过程中实施不同的地区经济发展战略和不同的地区宏观经济政策有关。国家基于我国各地区的原有经济基础不同以及国家财力有限的考虑，实施倾向于优先发展我国东部地区经济的宏观经济政策，加大宏观经济政策对这一地区的优惠力度，国家整体的资源配置也向东部地区倾斜。这种有针对性地存在差异化的政策导致我国东部区域经济水平在很短的时间内迅速提高，而中部和西部地区市场化进程依旧比较迟缓，使得原本就存在的市场化差异又进一步被拉大。可以说，国家宏观经济政策对地区要素市场发育水平具有重要的影响。

就现有情况来看，研究地区要素市场发育程度对费用黏性影响的文献很少，但对我国企业市场化进程却有着十分重要的作用。本节在分析地区要素市场化指数对企业费用黏性影响的同时，还分析了地区要素市场化指数对不同费用类型黏性影响的差异性。作为我国经济发展的热点问题——市场化进程始终具有很强的研究价值。因此，研究我国市场化指数与企业费用黏性的关系也具有重要的理论意义和实用价值。

受"宏观经济政策与微观企业行为互动"为基础的研究框架的启发，在借鉴研究框架的分析模式基础上，本节在分析了宏观经济政策对地区要素市场化指数影响的基础上，进一步研究宏观经济政策对微观企业行为的传导机制，即受宏观经济政策影响的市场化指数通过影响资源的调整成本，进而对企业成本管理决策行为产生影响，而资源的调整成本又是通过影响微观企业管理层成本决策行为而导致费用黏性产生的重要因素，最终市场化指数对企业费用黏性产生影响。通过这一传导机制将经济学领域的市场化指数与财务会计学的费用黏性现象结合起来，符合饶品贵和姜国华创建的将宏观经济政策和微观企业行为相结合的研究框架的分析视角，是对费用黏性影响因素进行跨学科分析的一种尝试。

上市公司日常生产经营管理活动所需的要素资源，如原材料、人力资本等都主要来源于所处地区的要素市场。因此，企业管理者进行资源分配决策时，在考虑企业经营战略发展需要外，还要着重考虑公司所在地区要素市场的发育水平。由于自然条件、经济发展基础和国家宏观经济政策的共同影响，导致我国各地区的市场化程度存在很大差异。这些差异也直接导致我国不同地区在生产要素流通和分配上也存在很大的差异，这就是要素市场"扭曲"的现象。如果企业所在地要素市场发育程度水平较高，管理者就能够更自由地处置闲置的资源，比如劳动力要素市场化水平较高时，裁员所需要支付的遣散费等补偿性费用就会减少，招募新员工所需要的费用也会降低，适当降低销售员工和办公室人员工资所面临的阻力就会减少。通过合理降低企业资源调整成本的方式真正地实现降低销售费用和管理费用的黏性水平的目标。

从经济学角度来看，上市公司要素资源配置和调整并不是必然受该地区要素市场化指数的约束。比如可以通过从市场化程度较好的地区购入或售出部分资源等方式削弱企业所在地的影响。但由于我国市场化水平远远落后于西方发达国家，政府对企业的控制和干预仍然存在，地方保护主义较为严重，使得企业管理层不能完全按照市场行情和股东利益进行成本决策和管理，仍需考虑当地政府的公共利益。因此，绝大多数上市公司仍受制于所在地要素市场发育程度。为保护本地区要素市场，地方政府很有可能干预企业从其他高水平市场化地区调整资源的行为，从而导致企业继续受本地要素市场发育程度的限制。这方面国有上市公司和非国有上市公司受到的影响都比较明显。比如企业销售收入降低而需要进行裁员时，当地政府为了避免出现大面积的失业问题，而人为地向企业进行施压和干预，导致企业不得不修改裁员决策；再比如，企业原本打算从市场化程度较高的非企业所在地招募员工，但当地政府考虑到本地区的就业问题，也会向企业进行施压和干扰，企业往往最终不得不从所在地人才市场招工。政府之所以能够对企业进行控制和干扰，主要是因为上市公司的政府背景往往在企业生产交易活动过程中发挥了至关重要的作用，我国国有上市公司的发展比较依赖于这种政府担保背景；而非国有上市公司由于本身的经济实力就比较薄弱，更需要地方政府的大力扶持。因此，上市公司要素资源配置和调整仍然受所在地区要素市场化指数的约束。这和调整成本对费用黏性的影响（Banker等，2011）相吻合。

根据第3章的理论分析，调整成本理论（Adjustment Costs）最早被用来解释费用黏性，认为由于管理者决定向企业投入大量的多种承诺资源（Commitment Resources）而最终导致了企业成本和费用的形成，经济学的"契约观"理论能够很好地解释这一观点。"契约观"认为，为了降低企业经营所需成本，并维持企业的长期持续经营，企业往往在资源成本较低时进行资源购置，并且倾向于与资源供应者签订长期的契约。而这些合同、协议一旦签订，如果企业管理者短期内要对资源进行调整，就将面临长期契约的较高调整成本。Jaramillo等（1993）认为正是由于调整成本的存在，所以企业当期业务量变动、企业即期生产能力变动（包括人力资源、原材料等）以及未来业务量预期变动决定了企业成本与费用的变动。Rajiv D. Banker（2011）所谓调整成本包括货币性调整成本和心理性调整成本两部分。货币性调整成本是指业务量下降时向下调整承诺资源和业务量上升时向上调整承诺资源时企业必须支付的成本。在研究资源调整成本与费用黏性关系时，学者们更加倾向于从经济学角度分析货币性调整成本对费用黏性的影响。大量的相关研究成果发现随着业务量的变化，企业向上调整承诺资源的边际成本要小于企业向下调整承诺资源的边际成本（Jaramillo，1993；Pfann，1993；Palm，1997；Cooper和Haltiwanger，2006）。他们的研究都证实了资源向上调整成本和向下调整成本结果的不一致性，使得企业成本费用与业务量之间出现非对称性变化的现象，也就是前文所提到的费用黏性。基于经济学的"契约观"理论，资源的调整成本能够很好地解释企业费用黏性的变化规律，因此地区要素市场发育程度能够影响企业的资源调整成本，进而也影响了企业费用黏性的变化，这从经济学角度丰富了费用黏性的影响因素研究，对费用黏性进行了跨学科的研究。

根据上述分析，本节提出第一个假设：

H1：上市公司要素市场发育程度与公司费用黏性显著负相关，即上市公司注册所在地要素市场化程度越高，公司的费用黏性越弱；相反地，要素市场发育程度越低，公司的费用黏性越强。

很少有文献考虑销售费用和管理费用黏性的差异，但销售费用和管理费用是两类性质迥然不同的期间费用。销售费用是指企业销售商品和材料、提供劳务的过程中发生的各种费用，主要包括运输费、包装费、广告费和为销售本企业商品而专设的销售机构的职工薪酬等经营费用；管理费用是指企业为组织和管理企业生产经营所发生的费用，主要包括办公费、差旅费、业务招待费等费用。销售费用一般跟公司的销售业务联系比较紧密，而管理费用一般跟管理层代理成本联系比较紧密。上文在分析地区要素市场发育程度对费用黏性的影响时，提到企业管理层不能通过从市场化程度较好的地区购入或售出部分资源等方式削弱所在地要素市场化水平的影响，一方面是因为地方政府对企业的控制和干扰问题长期化，地方保护主义比较严重；另一方面是因为我国企业普遍存在明显的代理问题，管理者自利行为现象比较严重，管理层更倾向于服从当地政府的意愿，因此增强了地区要素市场化指数对企业费用黏性的影响，这与代理问题对费用黏性的影响（王红军，2011）相吻合。

根据第3章的理论分析，股东和管理层之间存在代理问题（一些学者在研究时也称其为"机会主义观"或"管理层自利行为"）。管理层在进行企业成本费用决策时会偏离股东利益最大化的目标，存在管理层代理问题现象。这些代理问题常常会导致成本性态与企业资源的最优化出现不相同现象，最终导致费用黏性现象的出现。代理理论认为，当企业的产量或销售量增加时，管理层为了自身利益的最大化，会过度增加他们所能控制的资源；当企业产量或销售量下降时，企业管理层会规避减少或小幅度减少自身所能控制的资源，避免影响自身在公司的利益和地位等，避免对他们未来的工作产生影响。这些使得业务量和企业费用变化存在非对称性，导致费用黏性行为的出现，代理理论能够很好地解释绝大多数的企业费用黏性现象。

学者们通过大量的实证研究发现，企业管理费用与管理层委托代理问题更加相关。管理费用能够反映公司管理层的在职费用支出行为，企业管理层一般通过在职管理费用开支来实现管理层自利行为，达到损害公司利益、牟取私人利益的目的（Singh 和 Davidson，2003；陈冬华和梁上坤，2010等）。因此在研究代理行为时，我国学者更倾向于采用管理费用指标来研究代理问题对费用黏性的影响。因此，本书认为地区要素市场化指数对管理费用黏性的影响更加显著。

根据上述分析，本节提出第二个假设：

H2：地区要素市场发育程度对不同费用类型的影响存在差异，市场化指数对管理费用黏性的影响显著，市场化指数对销售费用黏性的影响不显著。

6.2.2 市场化指数与企业费用黏性的实证分析

根据本节上述的理论分析，为验证本节的研究假设，本节进行模型设计和构建回归模型，用来检验地区要素市场发育程度对费用黏性的影响，以及对销售费用和管理费用黏性影响的差异，并对变量的选取和变量的界定进行解释。

本节采用的是 ABJ 在 2003 年首次提出费用黏性时所使用的 Change 模型。Change 模型如下：

$$\ln\frac{S\&A_{i,j}}{S\&A_{i,j-1}} = \beta_0 + \beta_1\ln\frac{Sales_{i,j}}{Sales_{i,j-1}} + \beta_2 d_{i,j}\cdot\ln\frac{Sales_{i,j}}{Sales_{i,j-1}} + \varepsilon_{i,j} \tag{6-4}$$

在模型（6-4）中，S&A 代表样本企业各年度的费用，需要特别说明的是国内外学术界对费用范畴的界定并不完全一致，国外会计学费用内容主要是指销售费用、一般费用和管理费用（SG&A），而国内会计学费用主要是指销售费用和管理费用（S&A）。$S\&A_{i,j}/S\&A_{i,j-1}$ 代表样本企业第 j 年与第 j-1 年的费用变化情况；Sales 代表样本企业各年度的销售收入；$Sales_{i,j}/Sales_{i,j-1}$ 代表样本企业第 j 年与第 j-1 年的销售收入的变化情况；$d_{i,j}$ 作为模型的虚拟变量，当销售收入增加时，即第 j 年的销售收入大于第 j-1 年的销售收入，$d_{i,j}$ 为 0，当销售收入减少时，即第 j 年的销售收入小于第 j-1 年的销售收入，$d_{i,j}$ 为 1；当销售收入相对于上一年度增加时，$d_{i,j}$ 取值为 0，含 $d_{i,j}$ 的乘积项也为 0，这时 S&A 随着销售收入的单位变化而变化 $\beta_1\%$，当销售收入相对于上一年度减少时，$d_{i,j}$ 取值为 1，这时 S&A 随着销售收入的单位变化而变化 $(\beta_1+\beta_2)\%$。按照传统成本性态理论的简单线性关系，$\beta_1 = \beta_1+\beta_2$，即 $\beta_2=0$。但根据费用黏性的观点，企业费用在业务量增加时的变化率大于在业务量减少时的变化率，即 $\beta_1>\beta_1+\beta_2$，进而得出结论 $\beta_2<0$（若 $\beta_1>0$）。也就是说，β_2 越小，企业的 S&A 黏性程度越高。

通过对模型（6-4）的分析，系数 β_2 主要体现企业费用黏性是否显著，只有当系数 β_2 为负数时，才能说明企业存在费用黏性行为。可以说对费用黏性影响因素的分析主要是看该因素对系数 β_2 的影响和作用。根据本节 H1，检验地区要素市场发育程度对费用黏性的影响，选取樊纲和王小鲁（2011）公布的地区要素市场化指数作为解释变量，建立针对 β_2 的回归模型（6-5）：

$$\beta_2 = \gamma_0 + \gamma_1\cdot Market \tag{6-5}$$

将模型（6-5）代入模型（6-4）中，得到模型（6-6）：

$$\ln\frac{S\&A_{i,j}}{S\&A_{i,j-1}} = \beta_0 + \beta_1\ln\frac{Sales_{i,j}}{Sales_{i,j-1}} + (\gamma_0+\gamma_1\cdot Market)\cdot d_{i,j}\cdot\ln\frac{Sales_{i,j}}{Sales_{i,j-1}} + \varepsilon_{i,j} \tag{6-6}$$

将模型（6-6）简化后得到模型（6-7）：

$$\ln\frac{S\&A_{i,j}}{S\&A_{i,j-1}} = \beta_0 + \beta_1\ln\frac{Sales_{i,j}}{Sales_{i,j-1}} + \beta_2 d_{i,j}\cdot\ln\frac{Sales_{i,j}}{Sales_{i,j-1}} + \beta_3\cdot Market$$
$$+\beta_4 d_{i,j}\cdot\ln\frac{Sales_{i,j}}{Sales_{i,j-1}}\cdot Market + \varepsilon_{i,j} \tag{6-7}$$

检验资本密集度（CapRatio）、宏观经济增长（GDPRatio）、行业因素和年度因素这四个控制变量对费用黏性的影响，也针对系数 β_2 建立回归模型（6-8）：

$$\beta_2 = \gamma_0 + \gamma_1\cdot CapRatio + \gamma_2\cdot GDPRatio + \gamma_{3-13}\cdot Ind_i + \gamma_{14-18}\cdot Year_j \tag{6-8}$$

将模型（6-7）代入模型（6-8），进行简化后得到最终模型（6-9）：

$$\ln \frac{S\&A_{i,j}}{S\&A_{i,j-1}} = \beta_0 + \beta_1 \ln \frac{Sales_{i,j}}{Sales_{i,j-1}} + \beta_2 d_{i,j} \cdot \ln \frac{Sales_{i,j}}{Sales_{i,j-1}} + \beta_3 \cdot Market + \beta_4 d_{i,j} \cdot \ln \frac{Sales_{i,j}}{Sales_{i,j-1}} \cdot Market$$

$$+ \beta_5 d_{i,j} \cdot \ln \frac{Sales_{i,j}}{Sales_{i,j-1}} \cdot CapRatio + \beta_6 d_{i,j} \cdot \ln \frac{Sales_{i,j}}{Sales_{i,j-1}} \cdot GDPRatio$$

$$+ \beta_{7-17} d_{i,j} \cdot \ln \frac{Sales_{i,j}}{Sales_{i,j-1}} \cdot Ind_i + \beta_{18-22} d_{i,j} \cdot \ln \frac{Sales_{i,j}}{Sales_{i,j-1}} \cdot Year_j + \varepsilon_{i,j} \tag{6-9}$$

根据本节的H2，分析地区要素市场发育程度对不同费用类型的影响差异时，分别用销售费用和管理费用代替销管费用，得到模型（6-10）和模型（6-11）：

$$\ln \frac{S_{i,j}}{S_{i,j-1}} = \beta_0 + \beta_1 \ln \frac{Sales_{i,j}}{Sales_{i,j-1}} + \beta_2 d_{i,j} \cdot \ln \frac{Sales_{i,j}}{Sales_{i,j-1}} + \beta_3 \cdot Market + \beta_4 d_{i,j} \cdot \ln \frac{Sales_{i,j}}{Sales_{i,j-1}} \cdot Market$$

$$+ \beta_5 d_{i,j} \cdot \ln \frac{Sales_{i,j}}{Sales_{i,j-1}} \cdot CapRatio + \beta_6 d_{i,j} \cdot \ln \frac{Sales_{i,j}}{Sales_{i,j-1}} \cdot GDPRatio$$

$$+ \beta_{7-17} d_{i,j} \cdot \ln \frac{Sales_{i,j}}{Sales_{i,j-1}} \cdot Ind_i + \beta_{18-22} d_{i,j} \cdot \ln \frac{Sales_{i,j}}{Sales_{i,j-1}} \cdot Year_j + \varepsilon_{i,j} \tag{6-10}$$

$$\ln \frac{A_{i,j}}{A_{i,j-1}} = \beta_0 + \beta_1 \ln \frac{Sales_{i,j}}{Sales_{i,j-1}} + \beta_2 d_{i,j} \cdot \ln \frac{Sales_{i,j}}{Sales_{i,j-1}} + \beta_3 \cdot Market + \beta_4 d_{i,j} \cdot \ln \frac{Sales_{i,j}}{Sales_{i,j-1}} \cdot Market$$

$$+ \beta_5 d_{i,j} \cdot \ln \frac{Sales_{i,j}}{Sales_{i,j-1}} \cdot CapRatio + \beta_6 d_{i,j} \cdot \ln \frac{Sales_{i,j}}{Sales_{i,j-1}} \cdot GDPRatio$$

$$+ \beta_{7-17} d_{i,j} \cdot \ln \frac{Sales_{i,j}}{Sales_{i,j-1}} \cdot Ind_i + \beta_{18-22} d_{i,j} \cdot \ln \frac{Sales_{i,j}}{Sales_{i,j-1}} \cdot Year_j + \varepsilon_{i,j} \tag{6-11}$$

这里之所以采取对数模型，是因为不同企业的规模不同，对数形式可以有效提高不同企业各变量间的可比度，并且对可能存在的残差异质性有一定的缓解作用。

本节实证研究的变量选取和变量的界定见表6-10。

表6-10　　　　　　　　　　模型变量的选取和变量的界定

变量类型	变量名称	变量符号	变量定义
被解释变量	销管费用增长率	$\ln(S\&A_{i,j}/S\&A_{i,j-1})$	$\ln$（本期销售费用与管理费用之和/上期销售费用与管理费用之和）
	销售费用增长率	$\ln(S_{i,j}/S_{i,j-1})$	$\ln$（本期销售费用/上期销售费用）
	管理费用增长率	$\ln(A_{i,j}/A_{i,j-1})$	$\ln$（本期管理费用/上期管理费用）
解释变量	营业收入增长率	$\ln(Sales_{i,j}/Sales_{i,j-1})$	$\ln$（第j期营业收入/第j-1期营业收入）
	虚拟变量	$d_{i,j}$	本期营业收入与上期相比下降，d=1；本期营业收入与上期相比上升，d=0
	地区要素市场化程度指数	$Market$	2001—2006年各年地区要素市场化指数的平均值
控制变量	资本密集度	$CapRatio$	年末资产总计/本年营业收入
	宏观经济增长	$GDPRatio$	当年GDP同比增长率
	行业因素	Ind_i	行业虚拟变量，控制所属行业差异的影响
	年度因素	$Year_j$	年度虚拟变量，控制年度因素变化的影响

被解释变量：ln（S&A$_{i,j}$/S&A$_{i,j-1}$）表示销管费用的增长变化情况，其数值等于本期销售费用与管理费用之和除以上期销售费用与管理费用之和的自然对数；ln（S$_{i,j}$/S$_{i,j-1}$）表示销售费用的增长变化情况，其数值等于本期销售费用与上期销售费用之比的自然对数；ln（A$_{i,j}$/A$_{i,j-1}$）表示管理费用的增长变化情况，其数值等于本期管理费用与上期管理费用之比的自然对数。

解释变量：ln（Sales$_{i,j}$/Sales$_{i,j-1}$）表示营业收入的增长变化情况，其数值等于本期营业收入与上期营业收入之比的自然对数。d$_{i,j}$为模型的虚拟变量，当本期营业收入与上期相比下降时，d=1，当本期营业收入与上期相比上升时，d=0。Market表示所在地区要素市场化指数，其数值等于2001—2006年各年度地区要素市场化指数的平均值，本节之所以选取市场化指数的平均值，主要是基于以下两个方面的考虑：一方面，在樊纲和王小鲁（2011）发表的中国市场化进程年度报告中，各年度地区要素市场发育程度数值和排名相对比较稳定；另一方面，选取平均值能够有效地提高各地区市场化指数数据的可比性，可以有效地避免因调查方法缺陷而导致的数据不准确。

控制变量：ABJ（2003）、Subramaniam 和 Weidenmier（2003）等认为资源的调整成本导致了费用黏性的产生，他们选用资本密集度（企业总资产和营业收入之比）作为资源调整成本的代理变量和模型的控制变量，研究结果表明其与成本费用显著正相关；ABJ（2003）、Rajiv D. Banker 和 Lei（Tony）、Chen（2006a）和Banker 等（2011）等选取宏观经济增长作为宏观经济对管理层预期影响的代理变量和模型的控制变量，研究结果表明其与企业费用黏性显著正相关。孙铮和刘浩（2004）也选取资本密集度和宏观经济增长作为控制变量，但是实证结果未证实"契约观"和"效率观"的观点，他们的解释是我国公司高管可能存在机会主义观行为。所以本节选取资本密集度（CapRatio）和宏观经济增长（GDPRatio）作为控制变量，其数值分别等于本期年末资产总计与本年营业收入之比和当年GDP同比增长率，以期证实契约观和效率观的观点。

另外，本节还考虑了行业差异和年度变化对费用黏性的影响，控制了行业因素（Ind$_i$）和年度因素（Year$_j$）的影响。根据证监会的行业分类标准，本节样本公司涉及制造业，批发和零售贸易业，房地产业，电力、煤气及水的生产和供应业，信息技术业，社会服务业，采掘业，交通运输、仓储业，综合类，建筑业，传播与文化产业和农、林、牧、渔业12类行业，所以在回归实证研究过程中需要考虑行业特征对费用黏性的影响，进一步控制行业因素的影响，在全部样本中，制造业公司有414家，所占比重达到53%，数量和比重都远远超过其他行业，最少的农、林、牧、渔业企业也有8家。本节以采掘业为参照系，在回归模型中加入其余11个行业变量，行业虚拟变量Ind$_i$（i=1，2，3，…，11），当样本企业属于某一行业时取值是1，否则是0。本节的研究区间是2001—2007年，由于各年度宏观经济增长的变化对费用黏性具有一定的影响，所以本节控制了年份因素对费用黏性的影响，本节以2001年度为参照系，在回归模型中加入其余5个年份的哑变量，年份虚拟变量 $Year_j$ （j=1，2，3，4，5），当其中某一年份取值是1时，其他年份取值是0。

需要特别强调的是，Market数值选取的是企业注册所在地的地区要素市场化指数，虽然有的企业注册所在地和生产所在地并不完全一致，但由于地区要素市场化发育程度采用省份的数值，而且注册所在地和生产所在地跨越省份的企业数量和所占比重都较少，因此本节选取注册所在地的地区要素市场发育程度。另外，根据樊纲和王小鲁（2011）的解释，由于国家统计局调整了2005—2008年的GDP数值，樊纲和王小鲁（2011）市场化指数Market数值与樊纲和王小鲁（2007）的有所不同。本节所选用的数据是国家统计局调整GDP数值后新的地区要素市场化指数，这与之前学者关于市场化指数研究在数据方面存在差异。

在模型分析过程中，本节研究主要观察 $d_{i,j} \cdot \ln (Sales_{i,j}/Sales_{i,j-1}) \cdot Market$ 的回归系数 β_4，根据本节H1，在分析地区要素市场化指数对企业费用黏性影响时，本书预期回归系数 β_4 显著为负。根据本节H2，在分析地区要素市场化指数对不同费用类型黏性影响差异时，预期对管理费用影响的回归结果 β_4 显著。

樊纲和王小鲁（2011）发表的中国市场化进程年度报告只公布了2001—2009年的地区要素市场发育程度数据，加之我国新企业会计准则从2007年起推广应用施行，为避免由于准则变迁导致的会计核算差异，进而减少会计准则变动对财务数据的影响，本节选取样本研究的时间跨度为2001—2006年。本节首先选取2001—2006年度沪深A股非金融类上市公司的财务数据作为研究对象，对研究样本筛选过程如下：

（1）因为存在财务危机的样本公司的财务数据与其他样本公司存在较大差异，为保证样本数据的客观性，故首先剔除被ST或PT的样本公司。

（2）考虑到费用黏性存在行业差异，为避免因行业更换对企业的费用黏性产生影响，因此我们剔除了2001—2006年期间变更行业性质的样本公司。

（3）为保证费用黏性研究2001—2006年年度研究数据的连续性，我们剔除观察期内任意一年存在主要变量空缺的样本公司，剔除主要变量观测值少于6年的样本公司。

（4）去掉符合以下条件的样本公司：营业收入不大于零、销售费用小于零和管理费用小于零的；研究期间内任意年度存在营业收入小于销管费用（销售费用+管理费用）的。

（5）为避免极端值对实证结果产生的影响，保持实证结果的可靠性，本书对主要连续变量进行上下1%的置信水平的Winsorize处理，即将所有小于1%分位数（大于99%分位数）的观测值，修改为与1%分位数（99%分位数）的观测值相同。

最终获得775家企业作为研究样本，共4 650个年度观测值。针对最终研究企业按照行业进行划分，见表6-11，发现制造业企业多达414家，占所有研究样本企业的53%。批发和零售贸易企业有94家，占所有研究样本的比重为12%。房地产企业有75家，占所有研究样本的比重为10%。其他行业企业所占比重都比较少，都在5%左右。这和企业费用黏性存在行业差异的研究结果（孔玉生等，2007；刘武，2008；刘彦文等，2009）相吻合。

表6-11   样本公司行业分布

行业类型	样本公司数	所占比重
制造业	414	53%
批发和零售贸易业	94	12%
房地产业	75	10%
电力、煤气及水的生产和供应业	38	5%
信息技术业	35	5%
社会服务业	24	3%
采掘业	21	3%
交通运输、仓储业	21	3%
综合类	20	3%
建筑业	15	2%
传播与文化产业	10	1%
农、林、牧、渔业	8	1%
总计	775	100%

本节所选取的上市公司财务报表数据均来源于国泰安数据研究服务中心的"CSMAR数据库"。市场化指数（地区要素市场发育程度）摘自《中国市场化指数——各地区市场化相对进程2011年报告》（樊纲和王小鲁，2011）。宏观经济增长率（GDP）等指标摘自我国国家统计局官方网站。

本节主要运用Spss19.0、Stata11.0和Excel2007统计分析软件进行数据处理和描述性统计分析。

表6-12为2001—2006年全样本主要变量的描述性统计。全样本营业收入增长率的平均值和中位数分别为24.59%和14.47%，由（1.2459−1）×100%和（1.1447−1）×100%得出，即营业收入样本区间呈现上升趋势，最大值为

57.5360，最小值为0.0446，标准差为1.1474，表明有的企业营业收入飞速上升，有的企业营业收入反而降低，不同企业营业收入变动的差异较大。全样本销管费用增长率的平均值为25.13%，中位数为15.39%，分别由（1.2513-1）×100%和（1.1539-1）×100%得出，可以看出在观察期内样本公司的销管费用整体趋势为上升。从平均值来看，销管费用增长率要大于营业收入增长率，即25.13%>24.59%，说明样本企业的整体业绩是下降的。同时，销管费用增长率的最大值、最小值及标准差分别为10.0951、0.0818和0.6243，说明不同上市公司费用的变动具有差异性；对销管费用按费用类型进行分类，销售费用增长率和管理费用增长率的平均值依次为56.41%和28.93%，由（1.5641-1）×100%和（1.2893-1）×100%得出，但销售费用的增长率明显高于管理费用的增长率，即56.41%远远大于28.93%，这可能是因为管理费用的黏性要高于销售费用的黏性所导致的。

表6-12 全样本主要变量描述性统计（2001—2006年）

变量符号	平均值	中位数	最大值	最小值	标准差
$S\&A_{i,j}/S\&A_{i,j-1}$	1.2513	1.1539	10.0951	0.0818	0.6243
$S_{i,j}/S_{i,j-1}$	1.5641	1.1482	164.9827	0.0084	4.8778
$A_{i,j}/A_{i,j-1}$	1.2893	1.1552	32.8027	0.0131	0.9379
$Sales_{i,j}/Sales_{i,j-1}$	1.2459	1.1447	57.5360	0.0446	1.1474
Market	5.8418	5.6983	10.1817	2.2317	2.3583
CapRatio	2.4845	1.8676	65.6457	0.0998	2.6657
GDPRatio	10.25%	10.06%	12.68%	8.30%	1.43%
N	4 650	4 650	4 650	4 650	4 650

地区要素市场发育程度（Market）的平均值为5.8418，中位数为5.6983，最大值为10.1817，最小值为2.2317，标准差为2.3583，可以直观地看出我国各地区要素市场化指数存在很大差异，东部地区的要素市场化指数明显高于西部和中部地区的市场化指数；资本密集度（CapRatio）的平均值为2.4845，中位数为1.8676，最大值为65.6457，最小值为0.0998，标准差为2.6657，企业的资本密集度差异很显著，这是由于我国东部整体经济水平较高，企业多以资本密集型为主，而中部和东部地区整体经济发展相对落后，资本密集型企业较少；宏观经济增长（GDPRatio）的平均值10.25%、中位数为10.06%、最大值为12.68%、最小值为8.30%、标准差为1.43%。各年宏观经济增长的数值比较稳定，各年度之间差异不大。

表6-13至表6-18分别为2001—2006年各年度全样本主要变量描述性统计，

各年度全样本营业收入增长率的平均值基本都大于中位数，说明样本各年度营业收入在观察期内基本呈上升趋势。各年度最大值和最小值之间的差距不断变化，2002年的营业收入的最大值为57.5360，最小值为0.2273，两者差距最大，而2006年营业收入最大值为4.7745，最小值为0.0495。2002年度样本标准差最大，为2.1218，2006年度样本标准差最小，为0.3844，说明2002年样本企业营业收入变动的差异性最大，而2006年样本企业的营业收入变动的差异性最小。各年度全样本销管费用增长率的平均值都大于中位数，可以看出在观察期内各年度样本公司的销管费用整体趋势都是上升的。从平均值来看，有的年度销管费用增长率大于各年度营业收入增长率，有的年度销管费用增长率小于各年度营业收入增长率，同时，各年度销管费用增长率的最大值与最小值之间的差距虽然变化不大，但标准差变化较大，说明各年度不同上市公司销管费用变动的差异较大。各年度也对销管费用按费用类型进行分类，各年度销售费用增长率的平均值基本都高于管理费用增长率的平均值，这可能是因为各年度管理费用的黏性都要高于销售费用的黏性所导致的。

表6-13　　　　　　　　2001年全样本主要变量描述性统计

变量符号	平均值	中位数	最大值	最小值	标准差
$S\&A_{i,j}/S\&A_{i,j-1}$	1.3520	1.2042	10.0951	0.1294	0.7258
$S_{i,j}/S_{i,j-1}$	2.1378	1.1980	147.3277	0.0243	7.5755
$A_{i,j}/A_{i,j-1}$	1.3874	1.2337	10.4467	0.0882	0.7763
$Sales_{i,j}/Sales_{i,j-1}$	1.2206	1.1088	15.4652	0.0797	0.7543
Market	5.8418	5.6983	10.1817	2.2317	2.3596
CapRatio	2.8359	2.1782	28.8833	0.2185	2.5720
GDPRatio	8.30%	8.30%	8.30%	8.30%	0.00%
N	775	775	775	775	775

表6-14　　　　　　　　2002年全样本主要变量描述性统计

变量符号	平均值	中位数	最大值	最小值	标准差
$S\&A_{i,j}/S\&A_{i,j-1}$	1.3271	1.2009	8.2970	0.1625	0.7038
$S_{i,j}/S_{i,j-1}$	1.6987	1.1907	84.5976	0.0410	4.4934
$A_{i,j}/A_{i,j-1}$	1.3340	1.2046	9.8751	0.0580	0.6936
$Sales_{i,j}/Sales_{i,j-1}$	1.3374	1.1492	57.5360	0.2273	2.1218
Market	5.8418	5.6983	10.1817	2.2317	2.3596
CapRatio	2.6284	2.0726	29.4401	0.2037	2.4685
GDPRatio	9.10%	9.10%	9.10%	9.10%	0.00%
N	775	775	775	775	775

表6-15 　　　　　　　　2003年全样本主要变量描述性统计

变量符号	平均值	中位数	最大值	最小值	标准差
$S\&A_{i,j}/S\&A_{i,j-1}$	1.2555	1.1678	6.2348	0.0818	0.5719
$S_{i,j}/S_{i,j-1}$	1.3884	1.1637	27.3833	0.0415	1.5647
$A_{i,j}/A_{i,j-1}$	1.2987	1.1658	32.8027	0.0294	1.2888
$Sales_{i,j}/Sales_{i,j-1}$	1.2688	1.1775	21.9020	0.0446	0.8688
Market	5.8418	5.6983	10.1817	2.2317	2.3596
CapRatio	2.6419	1.9377	58.2031	0.1511	3.2302
GDPRatio	10.03%	10.03%	10.03%	10.03%	0.00%
N	775	775	775	775	775

表6-16 　　　　　　　　2004年全样本主要变量描述性统计

变量符号	平均值	中位数	最大值	最小值	标准差
$S\&A_{i,j}/S\&A_{i,j-1}$	1.2405	1.1622	8.1299	0.0840	0.6377
$S_{i,j}/S_{i,j-1}$	1.3561	1.1687	38.0978	0.0457	1.7234
$A_{i,j}/A_{i,j-1}$	1.3014	1.1529	22.5469	0.0451	1.1488
$Sales_{i,j}/Sales_{i,j-1}$	1.3475	1.2081	30.8578	0.1722	1.3159
Market	5.8418	5.6983	10.1817	2.2317	2.3596
CapRatio	2.2765	1.7705	26.5525	0.1420	2.0724
GDPRatio	10.09%	10.09%	10.09%	10.09%	0.00%
N	775	775	775	775	775

表6-17 　　　　　　　　2005年全样本主要变量描述性统计

变量符号	平均值	中位数	最大值	最小值	标准差
$S\&A_{i,j}/S\&A_{i,j-1}$	1.1683	1.1048	4.7263	0.1264	0.4470
$S_{i,j}/S_{i,j-1}$	1.1874	1.0938	6.3836	0.1011	0.5962
$A_{i,j}/A_{i,j-1}$	1.2104	1.1149	6.9588	0.0335	0.6229
$Sales_{i,j}/Sales_{i,j-1}$	1.1440	1.1097	6.1617	0.1569	0.4046
Market	5.8418	5.6983	10.1817	2.2317	2.3596
CapRatio	2.1997	1.6967	18.6327	0.1353	1.9432
GDPRatio	11.31%	11.31%	11.31%	11.31%	0.00%
N	775	775	775	775	775

表6-18　　　　　　　　　　2006年全样本主要变量描述性统计

变量符号	平均值	中位数	最大值	最小值	标准差
$S\&A_{i,j}/S\&A_{i,j-1}$	1.1643	1.1025	8.0950	0.1196	0.5958
$S_{i,j}/S_{i,j-1}$	1.6165	1.0898	164.9827	0.0084	7.6806
$A_{i,j}/A_{i,j-1}$	1.2036	1.1022	14.2225	0.0131	0.8977
$Sales_{i,j}/Sales_{i,j-1}$	1.1568	1.1116	4.7745	0.0495	0.3844
Market	5.8418	5.6983	10.1817	2.2317	2.3596
CapRatio	2.3244	1.6337	65.6457	0.0998	3.3390
GDPRatio	12.68%	12.68%	12.68%	12.68%	0.00%
N	775	775	775	775	775

为了检验市场化指数（注册所在地地区市场发育程度）对企业费用黏性的影响，以及市场化指数对不同费用类型黏性影响的差异性，本节选用Spss19.0对样本数据采用实证分析方法。回归结果见表6-19、表6-20和表6-21。

表6-19　　　　　　　　　　销管费用黏性回归结果

变　　量	全样本			
费用类型	销管费用			
	（1）		（2）	
	系数	T值	系数	T值
β_0	0.341***	9.241	0.364***	9.268
β_1	0.509***	22.103	0.514***	22.208
β_2	−0.124**	−2.485	−0.196***	−3.220
β_3			−0.005**	−2.256
β_4			0.003*	1.916
β_5	0.001	0.676	0.001	0.730
β_6	−2.715***	−7.890	−2.696***	−7.835
行　业	控制		控制	
年　　度	控制		控制	
调整后 R^2	40.7%		40.9%	
F值	230.476***		155.608***	
N	4 650		4 650	

注：***表示在1%的置信水平上显著，**表示在5%的置信水平上显著，*表示在10%的置信水平上显著。

表6-19是销管费用黏性的回归结果，根据模型（6-5）对全样本销管费用进行回归分析，在（1）栏模型中，模型中回归系数 β_1 为0.509，在1%的置信水平上显著为正，回归系数 β_2 为−0.124，在5%的置信水平上显著为负，证明了样本企业存在费用黏性现象。根据费用黏性的概念，当企业营业收入上升1%时，

企业销管费用增长 0.509%；当企业营业收入下降 1% 时，销管费用减少 0.385%（0.509%-0.124%），即企业销管费用在业务量增加时的变化率大于在业务量减少时的变化率。在（2）栏，本节在（1）栏模型的基础上加入了地区要素市场化指数 Market 和交互项 $d_{i,j} \cdot \ln(Sales_{i,j}/Sales_{i,j-1}) \cdot Market$，以验证市场化指数对费用黏性的影响，在（2）栏中模型（6-5）中回归系数 β_4 为 0.003，在 10% 的置信水平上显著为正，与本节 H1 一致，验证了上市公司注册所在地要素市场化程度越高，企业的费用黏性越弱；相反地，企业费用黏性越强，市场化指数与公司费用黏性越显著负相关。资本密集度（CapRatio）回归系数 β_5 为 0.001，在统计学的角度并不显著，未验证资本密集度与企业费用黏性显著相关，也未证明"契约观"的观点，这与孙铮和刘浩的研究结果相同，可能是由于存在代理问题的"机会主义观"导致的。模型中宏观经济增长（GDPRatio）回归系数 β_6 为 -2.696，在 1% 的置信水平上显著为负，验证了宏观经济增长对企业费用黏性具有显著影响。宏观经济增长与企业费用黏性显著相关，宏观经济增长越快，企业费用黏性越强，也证明了管理层预期对企业费用黏性的影响。研究结论与 ABJ（2003），Chandra Subramaniam 和 Marcia L. Weidenmier（2003），Rajiv D. Banker 和 Lei（2004），Chen（2006a），孙铮和刘浩（2004），刘彦文和王玉刚（2009）的研究成果一致。

表6-20   销售费用黏性回归结果

变 量	全样本			
费用类型	销售费用			
	（1）		（2）	
	系数	T值	系数	T值
β_0	0.395***	6.986	0.418***	6.936
β_1	0.720***	20.404	0.720***	20.281
β_2	-0.058	-0.763	-0.062	-0.661
β_3			-0.004	-1.163
β_4			0.000	-0.006
β_5	-0.006**	-2.088	-0.007**	-2.159
β_6	-3.216***	-6.095	-3.220***	-6.098
行 业	控 制		控 制	
年 度	控 制		控 制	
调整后 R^2	40.1%		40.1%	
F值	222.108***		148.281***	
N	4 650		4 650	

注：***表示在 1% 的置信水平上显著，**表示在 5% 的置信水平上显著，*表示在 10% 的置信水平上显著。

表6-20为销售费用黏性回归结果。在（1）栏中，销售费用回归系数 β_2 为 -0.058，在统计学上不显著，这说明销售费用本身具有费用黏性，但不显著。在（2）栏中，销售费用回归系数 β_4 为0.000，在统计学上不显著，因此未验证地区要素市场化指数对销售费用黏性的影响。表6-21为管理费用黏性的回归结果，在（1）栏中，管理费用回归系数 β_2 为 -0.125，在10%的置信水平上显著为负，说明销售费用和管理费用在费用黏性方面存在显著差异，管理费用存在黏性，而销售费用不存在黏性。在（2）栏中，管理费用回归系数 β_4 为0.007，在1%的置信水平上显著为正，地区要素市场化指数对管理费用黏性有显著影响，验证了地区要素市场发育程度对管理费用黏性的影响比对销售费用黏性的影响更加显著，也验证了代理问题对企业费用黏性的影响，与H3一致。研究结果与唐跃军和宋渊洋（2010）、王红军（2011）等的研究结论相同。虽然在表6-20（2）栏中销售费用的资本密集度（CapRatio）回归系数 β_5 为 -0.007，在5%的置信水平上显著，销售费用的宏观经济增长（GDPRatio）回归系数 β_6 为 -3.220，在1%的置信水平上显著。但由于销售费用本身黏性不足，因此也没有验证资本密集度和宏观经济增长对销售费用黏性的影响。在表6-21（2）栏中管理费用的资本密集度（CapRatio）回归系数 β_5 为0.001，在统计上不具有显著性。管理费用的宏观经济增长（GDPRatio）回归系数 β_6 为 -3.185，在1%的置信水平上显著为负，验证了宏观经济增长（GDPRatio）与管理费用黏性显著正相关。

表6-21　　　　　　　　　　　　　管理费用黏性回归结果

变　量	全样本			
费用类型	管理费用			
	（1）		（2）	
	系数	T值	系数	T值
β_0	0.404***	8.053	0.426***	7.996
β_1	0.425***	13.583	0.436***	13.858
β_2	-0.125*	-1.850	-0.273***	-3.305
β_3			-0.006**	-2.018
β_4			0.007***	2.981
β_5	0.001	0.192	0.001	0.416
β_6	-3.231***	-6.905	-3.185***	-6.813
行　业	控制		控制	
年　度	控制		控制	
调整后 R^2	27.1%		27.6%	
F值	91.938***		63.942***	
N	4 650		4 650	

注：***表示在1%的置信水平上显著，**表示在5%的置信水平上显著，*表示在10%的置信水平上显著。

为检验本节关于地区要素市场化指数对企业费用黏性影响的研究结果的可靠性和稳健性（Robust），我们对本节的研究结论进行稳健性检验。

（1）在表6-19、表6-20和表6-21的回归结果中，主要变量地区要素市场化指数（Market）的数值采用2001—2006年各年度地区要素市场化指数的平均值，本节虽阐述了选取平均值的两个考虑，但为了使本节的研究结论更加具有可靠性和稳健性。在稳健性检验部分，主要变量Market选取2001—2006年各年度的地区要素市场化指数，重新对费用黏性模型进行回归分析，选用Spss19.0对样本数据进行回归分析，检验结果见表6-22。

表6-22 全样本稳健性检验回归结果

变量	全样本			
费用类型	销管费用			
	（1）		（2）	
	系数	T值	系数	T值
β_0	0.341***	9.241	0.362***	9.164
β_1	0.509***	22.103	0.514***	22.222
β_2	−0.124**	−2.485	−0.202***	−3.326
β_3			−0.004**	−2.029
β_4			0.004**	2.125
β_5	0.001	0.676	0.002	0.783
β_6	−2.715***	−7.890	−2.732***	−7.925
行 业	控 制		控 制	
年 度	控 制		控 制	
调整后 R^2	40.7%		40.9%	
F值	230.476***		155.611***	
N	4 650		4 650	

注：***表示在1%的置信水平上显著，**表示在5%的置信水平上显著，*表示在10%的置信水平上显著。

表6-22所示的全样本稳健性检验回归结果与本节的研究结论基本保持一致。在（1）栏模型中，稳健性检验销管费用回归系数 β_1 为0.509，在1%的置信水平上显著为正，回归系数 β_2 为-0.124，在5%的置信水平上显著为负，证明了样本企业存在费用黏性现象，即当企业营业收入上升1%时，企业销管费用增长

0.509%，当企业营业收入下降1%时，销管费用减少0.385%（0.509%−0.124%）。全样本稳健性检验回归结果与表6−19全样本企业销管费用黏性（1）栏的数值完全相同。在（2）栏模型中，稳健性检验销管费用回归系数β_4为0.004，在5%的置信水平上显著为正，也验证了上市公司地区要素市场化指数与企业费用黏性显著负相关。上市公司注册所在地要素市场化程度越高，上市公司的费用黏性越弱；相反地，地区要素市场发育程度越低，上市公司的费用黏性越强，与本节H1一致。

（2）虽然在样本筛选过程中考虑了行业差异，避免了样本企业行业性质更换对费用黏性的影响。但从表6−11最终样本的行业分布可以看出，制造业公司有414家之多，占所有样本的比重达到53%。而且制造业企业本身具有较强的费用黏性，接近于全样本的费用黏性实证结果，因此本节我们选取414家制造业样本公司，重新检验了本节H1，同样选用Spss19.0对样本数据进行回归分析，检验结果见表6−23。

表6−23　　　　　　　　　　制造业样本销管费用黏性回归结果

变　量	全样本			
费用类型	销管费用			
	（1）		（2）	
	系数	T值	系数	T值
β_0	0.334***	6.654	0.371***	6.917
β_1	0.603***	17.589	0.605***	17.586
β_2	−0.220***	−2.733	−0.288***	−3.039
β_3			−0.007**	−2.426
β_4			0.005*	1.596
β_5	0.003	0.825	0.003	0.744
β_6	−2.792***	−6.052	−2.786***	−6.039
年　度	控制		控制	
调整后 R^2	41.0%		40.3%	
F值	125.529***		85.377***	
N	2 484		2 484	

注：***表示在1%的置信水平上显著，**表示在5%的置信水平上显著，*表示在10%的置信水平上显著。

通过稳健性检验，表6−23所示的回归结果与本节的研究结论基本保持一致。在（1）栏模型中，制造业销管费用回归系数β_1为0.603，在1%的置信水平上显著为正。回归系数β_2为−0.220，在1%的置信水平上显著为负，证明了样本企业存在费用黏性现象，即当企业营业收入上升1%时，企业销管费用增长0.603%，当企业营业收入下降1%时，销管费用减少0.383%（0.603%−0.220%），制造业

103

企业销管费用黏性与全样本企业销管费用黏性的数值比较接近。在（2）栏模型中，制造业销管费用回归系数 β_4 为 0.005，在 10% 的置信水平上显著为正，验证了上市公司地区要素市场化指数与企业费用黏性显著负相关。上市公司注册所在地要素市场化程度越高，制造业上市公司的费用黏性越弱；相反地，地区要素市场发育程度越低，制造业上市公司的费用黏性越强，与本节 H1 一致。

根据上述稳健性回归结果分析，本节的研究结论是比较稳健的。

本节在饶品贵和姜国华创建的宏观经济政策与微观企业行为相互作用为基础的分析框架的启发下，在借鉴研究框架的分析视角的基础上，对企业费用黏性的影响因素研究不只局限在财务会计学领域，而尝试从经济学等其他学科领域分析影响企业费用黏性的因素，着重考虑与宏观经济政策相关的因素对企业费用黏性的影响，从微观角度分析宏观经济因素的传导机制，在分析过程中同样注重宏观经济因素的定性研究和定量研究。

本节主要研究市场化指数（主要是指地区要素市场发育程度）对企业费用黏性的影响。将经济学的市场化指数研究和财务会计学的费用黏性研究进行交叉研究，开拓了原有会计研究的视野，不仅用资源的调整成本理论（Adjustment Costs）解释费用黏性的变化，同时也分析了受宏观经济政策影响的地区要素市场发育水平对企业费用黏性变化的影响。具体分析思路如下：在研究分析宏观经济政策对地区要素市场化指数影响的基础上，进一步研究宏观经济政策对微观企业行为的传导机制，即受宏观经济政策影响的市场化指数对企业的资源调整成本产生影响，而资源调整成本又对企业费用黏性产生影响，最终市场化指数对企业费用黏性变化具有显著作用。通过这一传导机制将经济学领域的市场化指数与财务会计学的费用黏性结合起来，在理论分析的基础上，最终提出地区市场化指数与费用黏性的基本假设，符合饶品贵和姜国华提出的"宏观经济政策与微观企业行为互动关系"为基础的研究框架，也是对费用黏性跨学科研究的一种尝试。

本节在实证部分，首先选取 2001—2006 年度沪深 A 股非金融类上市公司的财务数据为样本对象，经数据筛选后，最终获得 4 650 个年度观测值。地区要素市场化指数主要选取樊纲和王小鲁（2011）公布的地区要素市场发育程度指数，来观察地区要素市场化指数对企业费用黏性的影响，并分析地区要素市场化指数对不同费用类型黏性影响的差异性。经实证分析，主要得出以下几点结论：

（1）销管费用实证结果中回归系数 β_1 为 0.509，在 1% 置信水平上显著为正，回归系数 β_2 为 -0.124，在 5% 置信水平上显著为负，证明了样本企业费用黏性现象的存在。也就是说，样本企业营业收入每增加 1%，企业销管费用增长 0.509%，营业收入每减少 1%，销管费用减少 0.385%（0.509%-0.124%）。销管费用模型中回归系数 β_4 为 0.003，在 10% 的置信水平上显著为正，验证了上市公司市场化指数（注册所在地区要素市场发育程度）与企业费用黏性显著负相关。

市场化水平越高，公司的费用黏性越弱；地区要素市场化指数越低，公司的费用黏性越强，与本节H1完全一致，也证明了资源调整成本对企业费用黏性的影响。

（2）在分析地区要素市场发育程度对销管费用黏性影响的基础上，本节还研究了地区要素市场化指数对不同费用类型黏性影响的差异。实证结果显示销售费用具有费用黏性，但不显著，而管理费用模型中回归系数 β_2 为 -0.125，在 10% 的置信水平上显著为负，管理费用的黏性比销售费用的黏性明显显著，两种不同性质的费用在黏性方面存在显著差异。销售费用未验证地区要素市场化指数对销售费用黏性的影响，而管理费用模型中回归系数 β_4 为 0.007，在 1% 的置信水平上显著为正。地区要素市场化指数对管理费用黏性有显著影响，也验证了代理问题对企业费用黏性的影响，与H3一致，验证了市场化指数（注册地地区要素市场发育程度）对不同费用类型黏性的影响存在差异性，其对管理费用黏性的影响更加显著。研究结果支持了唐跃军和宋渊洋（2010）、王红军（2011）等的研究结论，企业的管理费用更适合进行费用黏性的相关研究，也证明了代理问题对企业费用黏性的影响。

（3）资本密集度（CapRatio）模型中回归系数 β_5 为 0.001，在统计学的角度上并不显著。未验证资本密集度与企业费用黏性显著相关，也未证明"契约观"的观点，这与孙铮和刘浩的研究结果相同，可能是由于我国企业普遍存在严重的代理问题导致的。宏观经济增长（GDPRatio）模型中回归系数 β_6 为 -2.696，在 1% 的置信水平上显著为负，验证了宏观经济增长对企业费用黏性具有显著影响。宏观经济增长与企业费用黏性显著正相关，宏观经济增长越快，企业费用黏性越强，也证明了管理层预期对企业费用黏性的影响，研究结论与ABJ（2003）、Chandra Subramaniam 和 Marcia L. Weidenmier （2003），Rajiv D. Banker 和 Lei（2004），Chen（2006a），孙铮和刘浩（2004），刘彦文和王玉刚（2009）的研究成果一致。

本节实证检验结果与理论假设基本一致，上市公司注册所在地要素市场化程度即地区要素市场发育程度越高，公司的费用黏性越弱，反之，则公司的费用黏性越强。地区要素市场发育程度对不同费用类型的影响是有差异的，对销售费用黏性的影响比对管理费用黏性的影响更加显著。本节还进行了稳健性检验，稳健性检验的回归结果与本节的研究结论基本保持一致，全样本稳健性检验销管费用回归系数 β_4 为 0.004，在 5% 的置信水平上显著为正；制造业销管费用回归系数 β_4 为 0.005，在 10% 的置信水平上显著为正，验证了上市公司地区要素市场化指数与制造业企业费用黏性显著负相关，上市公司注册所在地要素市场化程度越高，上市公司的费用黏性越弱；相反地，地区要素市场发育程度越低，上市公司的费用黏性越强，与本节H1一致。

本节在借鉴饶品贵和姜国华创建的会计与财务框架分析视角的基础上，尝试分析市场化指数对费用黏性的影响。将经济学的市场化指数研究和财务会计学的费用黏性研究进行交叉研究，不仅开拓了原有会计研究的视野，而且对上市公司提升费用控制能力和投资者的投资决策能力具有一定借鉴意义，更有助于增进我们对中国市场化进程经济后果的认识，为完善我国生产要素市场，提高资源配置效率提供指导，具有较强的理论研究意义和参考使用价值。

参考文献

[1]　边喜春. 费用粘性的成因及控制对策[J]. 价格月刊,2005(12):82-84.

[2]　曹晓雪,于长春,周泽将. 费用"粘性"研究:来自中央企业的经验证据[J]. 产业经济研究,2009(1):39-46.

[3]　陈灿平. 企业费用"粘性"行为影响因素研究——基于地区经济生态差异视角[J]. 财经理论与实践,2008(6):92-95.

[4]　陈冬华,梁上坤. 在职消费、股权制衡及其经济后果:来自中国上市公司的经验证据[J]. 上海立信会计学院学报,2010(1):19-27.

[5]　陈宇新,孙长江. 国有企业高管薪酬激励水平对费用粘性的影响[J]. 会计之友,2014(7):84-87.

[6]　程婷婷,朱开镠. 基于企业生命周期阶段的成本粘性研究[J]. 三明学院学报,2012(1):8-14.

[7]　车幼梅,陈煊. 管理层自利行为对成本粘性的影响研究[J]. 现代管理科学,2013(8):96-98,111.

[8]　车嘉丽,段然. 战略差异度、女性高管与企业成本粘性——来自制造业上市公司的经验证据[J]. 广东财经大学学报,2016,31(6):64-74.

[9]　丁雪山,如林,牛腾飞. 申请创业板IPO企业应当关注问题之"投资股权"、"实质控制人"和主营业务[J]. 财会学习,2010(11):60-62.

[10]　方军雄. 我国上市公司高管的薪酬存在粘性吗?[J]. 管理世界,2009(3):110-124.

[11]　方巧玲. 成本粘性研究现状述评及未来展望——基于国内外研究成果的文献综述[J]. 财会通讯,2011(8):110-113.

[12]　房曼,杨凤. 我国制造业上市公司费用粘性行为影响因素研究——基于外部与内部因素的经验分析[J]. 会计之友,2013(9):94-97.

[13]　樊春裕. 我国上市公司终极控制人对会计信息透明度的影响研究[D]. 南京:南京财经大学,2011.

[14]　范剑勇. 市场一体化、地区专业化与产业集聚趋势[J]. 中国社会科学,2004(6):40-51.

[15]　龚启辉,刘慧龙,申慧慧. 地区要素市场发育、国有控股与成本和费用粘性[J]. 中国会计评论,2010(4):431-445.

[16]　胡冰,叶芳言. 基于批发和零售贸易行业成本粘性研究[J]. 东方企业文化,2012(23):12-13.

[17]　胡永刚,刘方. 劳动调整成本、流动性约束与中国经济波动[J]. 经济研究,2007(10):32-43.

[18] 韩飞,刘益平,吉朝阳. 成本粘性研究综述与展望[J]. 财会研究,2010(8):33-35.

[19] 韩飞,刘益平. 关于制造业上市公司总成本粘性的实证分析[J].财会月刊,2010(11):24-26.

[20] 侯晓金. 成本粘性问题探讨[J]. 会计师,2009(12):44-45.

[21] 黄辉. 资本结构动态调整研究综述[J]. 当代财经,2009(2):123-128.

[22] 江伟,胡玉明. 企业成本费用粘性:文献回顾与展望[J]. 会计研究,2011(9):74-79.

[23] 纪丰伟. 我国国有企业产权多元化研究[M]. 北京:经济管理出版社,2010.

[24] 孔玉生,朱乃平,孔庆根. 成本粘性研究:来自中国上市公司的经验证据[J]. 会计研究,2007(11):58-65.

[25] 孔淮. 上市公司成本粘性成因分析[J]. 现代商业,2013(7):206.

[26] 刘彦文,王玉刚. 中国上市公司费用粘性行为实证分析[J]. 管理评论,2009(3):98-106.

[27] 刘武. 企业费用"粘性"行为:基于行业差异的实证研究[J]. 中国工业经济,2006(12):105-112.

[28] 刘青. 上市公司成本费用粘性问题研究[J]. 经营管理者,2011(2):84.

[29] 刘广凯. 我国上市公司成本费用粘性的实证研究[J]. 现代营销,2012(11):17.

[30] 刘春平,施凤丹. 发展中国家产业内贸易形态与调整成本——基于中国面板数据的实证分析[J]. 企业经济,2008(1):146-148.

[31] 廖侠柔. 自由现金流、资本结构的调整成本和调整速度[D]. 广州:中山大学,2008.

[32] 李霞,韩彦峰. 冶金行业成本粘性的成因及其控制[J]. 财会通讯,2009(1):108-109.

[33] 李若馨. 华控股权实质控制人尚未"现身"[N]. 中国证券报,2012(5):A09.

[34] 李俊杰. 我国垄断国企改革研究[D]. 北京:中央财经大学,2008.

[35] 李伟,于洋. 中国上市公司终极所有权结构及演变[J]. 统计研究,2012(10):52-58.

[36] 柳剑平,张兴泉. 产业内贸易、调整成本与中美贸易摩擦[C]. 改革开放三十年来中美经贸关系的回顾与展望,2008.

[37] 刘永红. 成本粘性的探讨[J]. 会计师,2009(1):82-83.

[38] 刘朝霞. 中美工业制成品产业内贸易调整成本实证研究[D]. 长沙:湖南大学,2010.

[39] 吕静. 我国民营上市公司成本粘性研究[D]. 济南:山东大学,2010.

[40] 吕政,黄速建. 中国国有企业改革三十年研究[M]. 北京:经济管理出版社,2008.

[41] 陆军荣. 国有企业的产业特征[M]. 北京:经济科学出版社,2008.

[42] 李粮,宋振康. 经理人自利动机对费用粘性的影响研究[J]. 山西财经大学学报,2013(12):93-103.

[43] 梁上坤. 机构投资者持股会影响公司费用粘性吗?[J]. 管理世界,2018,34(12):133-148.

[44] 凌士显,白锐锋. 董事高管责任保险与公司费用粘性——基于中国上市公司经验数据的实证检验[J]. 保险研究,2018(5):73-86.

[45] 马景涛. 上市公司销管费用粘性问题比较研究——基于两岸股市的经验证据[J]. 商场现代化,2008(21):170-172.

[46] 马文涛. 机会主义的表现形式与代理成本的衡量[J]. 新会计,2011(8):5-7.

[47] 潘颖静. 费用粘性与公司治理、投资者法律保护的相关性研究[D]. 长沙:湖南大学,2009.

[48] 全怡,陶聪. 女性高管与企业费用粘性——基于管理层自利的视角[J]. 会计与经济研究,2018,32(5):40-58.

[49] 饶品贵,姜国华. 货币政策、信贷资源配置与企业业绩[J]. 管理世界,2013(3):12-22,47.

[50] 饶品贵,姜国华. 宏观经济政策与微观企业行为——拓展会计与财务研究新领域[J]. 会计研究,2011(3):9-18.

[51] 苏文兵,李心合,段治翔. 基于成本粘性的盈利预测及其精度检验[J]. 数理统计与管理,2012(5):930-939.

[52] 孙铮,刘浩. 中国上市公司费用"粘性"行为研究[J]. 经济研究,2004(12):26-34.

[53] 沈青. 成本粘性基本问题的初步研究[J]. 学术研究,2010(1):4-5.

[54] 沈沛. 我国上市公司优化资本结构的调整成本研究[D]. 厦门:厦门大学,2006.

[55] 汤晓建. 沪深交易所上市公司费用粘性水平对比研究——基于2007—2012年沪深A股主板制造业企业数据观察[J]. 中国注册会计师,2013(11):31-36.

[56] 唐光华. 国有企业改革与会计监督、财务监督[J]. 商业经济,2012(10):49-50.

[57] 石善冲,林亚囡,皮晞正. 税收激进对成本粘性的影响研究——基于管理者自利视角的分析[J]. 价格理论与实践,2017(11):138-141.

[58] 宋常,杨华领,李沁洋. 审计师行业专长与企业费用粘性[J]. 审计研究,2016(6):72-79.

[59] 吴江. 国有控制权转移、终极控制人变更对上市公司业绩的影响[D]. 南昌:江西财经大学,2011.

[60] 万寿义,王红军. 管理层自利、董事会治理与费用粘性:来自我国制造业上市公司的经验证据[C]. 中国会计学会管理会计与应用专业委员会2010年度学术年会论文集,2010:252-262.

[61] 万寿义,王红军. 基于成本性态的销售费用与管理费用基本面分析——来自中国制造业上市公司的经验证据[J]. 东北财经大学学报,2011(4):3-10.

[62] 万寿义,徐圣男. 中国上市公司费用粘性行为的经验证据——基于上市公司实质控制人性质不同的视角[J]. 审计与经济研究,2012(4):79-86.

[63] 万寿义,徐圣男. 我国上市公司费用粘性行为的经验研究——基于不同成本类型的视角[J]. 价格理论与实践,2012(12):73-74.

[64] 万寿义,徐圣男. 管理层对未来市场预计影响成本习性的经验研究[J]. 晋阳学刊,2013(2):130-136.

[65] 万寿义,王红军. 费用粘性成因的理论分析[J]. 湖南财政经济学院学报,2011(4): 83-86.

[66] 王明虎,席彦群. 产权治理、自由现金流量和企业费用粘性[J]. 商业经济与管理,2011 (9):68-73,89.

[67] 王贞萍. 国内外费用粘性研究综述[J]. 中国商贸,2012(23):183-184,187.

[68] 王斌. 论财务结构调整的成本与风险[J]. 会计研究,1994(2):20-23.

[69] 王红军,杨琳琳. 国外费用粘性研究:评述与启示[J]. 新会计,2011(8):55-57.

[70] 王璐璐,袁明. 如何加强对企业成本粘性的控制[J]. 现代商业,2010,(6).

[71] 王明虎,席彦群. 产权治理——自由现金流量和企业费用粘性[J]. 商业经济与管理, 2011(9):64-72.

[72] 徐翠美. 我国上市公司成本粘性研究综述[J]. 合作经济与科技,2009(3):50-51.

[73] 谢鲁江,刘解龙,曹虹剑. 国企改革三十年[M].长沙:湖南人民出版社,2008.

[74] 谢利人,王元建. 保险公司成本费用粘性分析[J]. 中南林业科技大学学报,2009(6): 75-77.

[75] 徐旭红. 国企改革不能片面理解为国企私有化[J]. 财经周刊,2012(4):1-2.

[76] 余青. 国有企业公司治理问题研究:目标、治理与绩效[M]. 北京:经济管理出版社, 2009.

[77] 肖卫平. 企业契约论的局限性[J]. 经济学家,2005(1):79-83.

[78] 杨琳琳. 我国制造业上市公司成本粘性问题研究[J]. 山西财政税务专科学校学报, 2011(1):37-41.

[79] 杨书阅,周国强,李淑琴. 企业生命周期与费用粘性——基于不同行业的研究[J]. 财会 通讯,2017(33):116-119,129.

[80] 朱微亮,刘海龙,史青青. 基于调整成本的产出——资本资产定价模型研究[J]. 管理工 程学报,2008(4):121-132.

[81] 朱微亮. 基于消费习惯与调整成本的资产定价研究[D]. 上海:上海交通大学,2008.

[82] 朱鹏飞,张丹妮,周泽将. 企业风险承担会导致审计溢价吗?——基于产权性质和费用 粘性视角的拓展性分析[J]. 中南财经政法大学学报,2018(6):72-80,160.

[83] 张燕. 上市公司费用粘性的成因及控制对策[J]. 财会天地,2009(10):63-64.

[84] 张克难. 产权、治理结构与企业效率——国有企业低效率探源[M]. 上海:复旦大学出 版社,2002.

[85] 张伟. 资本的市场价值理论在投资行为中的运用[J],数量经济技术经济研究,2006 (1):50-58.

[86] 张梅华. 依照劳动法进行企业人力资源管理[J]. 安顺学院学报,2008(3):67-69.

[87] 赵望领. 国企改革政策问题研究[D]. 郑州:郑州大学,2010.

[88] 赵卿,刘少波. 制度环境、终极控制人两权分离与上市公司过度投资[J]. 投资研究, 2012(5):52-65.

［89］ 周国强,文颖,熊延超,等.制造型企业成本粘性研究[J].财会月刊,2011(4):9-12.

［90］ 钟冬琴.自由现金流量、债务治理与费用粘性研究[J].东方企业文化,2012(6):100.

［91］ 赵息,李粮.国有企业高管薪酬结构对费用粘性的影响研究[J].中南财经政法大学学报,2012(4):114-120.

［92］ 赵息,麻环宇,张硕.研发投入、管理层预期与营业成本粘性行为——基于我国A股市场的实证研究[J].中国会计评论,2016,14(4):565-580.

［93］ 章永奎,冯文滔,杜兴强.政治联系、薪酬差距与薪酬粘性:基于民营上市公司的经验证据[J].投资研究,2013(6):127-143.

［94］ 佟家栋,刘钧霆.中国与日韩制造业贸易调整成本的经验研究——基于边际产业内贸易分析[J].南开经济研究,2006(3):3-12.

［95］ 朱乃平,刘志梧.成本粘性及应对策略[J].财务与会计,2009(6):65-66.

［96］ 朱乃平.成本粘性对管理会计成本性态假设的挑战[J].财会月刊,2008(7):5-6.

［97］ ABARBANELL J S, BUSHEE B J. Fundamental Analysis: Future Earnings, and Stock Prices[J]. Journal of Accounting Research,1997,35(1):124-135.

［98］ ANDERSON M C, BANKER R D, JANAKIRAMAN S N. Are Selling, General, and Administrative Costs "Sticky"?[J]. Journal of Accounting Research,2003,41(1):47-63.

［99］ ANDERSON M C, BANKER R D, HUANG R, et al. Cost Behavior and Fundamental Analysis of SG&A Costs[J]. Journal of Accounting, Auditing and Finance,2007,22(1):1-28.

［100］ ANDERSON S W, LANEN W N. Understanding Cost Management: What can We Learn from the Empirical Evidence on "Sticky Costs"?[J]. Working Paper,2009.

［101］ ANDREW J, LEONE, WU J S, et al. Asymmetric Sensitivity of CEO Cash Compensation to Stock Returns[J]. Journal of Accounting and Economics,2006(2):112-123.

［102］ ARGIA M S. Prices and Unit Labor Costs: A New Test of Price Stickiness[J]. Journal of Monetary Economics,2002(49):265-292.

［103］ BALAKRISHNAN R, PETERSEN M J, SODERSTROM N S. Does Capacity Utilization Affect the "Stickiness" of Cost?[J]. Journal of Accounting, Auditing & Finance,2004(19):283-299.

［104］ BART D, ANNELIES R. Earnings Management Incentives and the Asymmetric Behavior of Labor Costs[D]. Katholieke Universiteit Leuven,2009.

［105］ BAUMGARTEN D, BONENKAMP U, HOMBURG C. The Information Content of the SG&A Ratio[J]. Management Accounting Research,2010(22):1-22.

［106］ BALAKRISHNAN R, GRUCA T S. Cost Stickiness and Core Competency: A Note. Contemporary[J]. Accounting Research,2008,25(4):993-1006.

[107] BALAKRISHNAN R E, LABRO, SODERSTROM N S. Cost Structure and Sticky Costs [J]. Working Paper.The University of Lowa, 2011.

[108] CAMPBELL T C, GALLMEYER M, JOHNSON S A, et al. CEO Optimism and Forced Turnover[J]. Journal of Financial Economics, 2011(10):695-712.

[109] CARSTEN H, JULIA N. How Timely are Earnings When Costs are Sticky? Implications for the Link between Conditional Conservatism and Cost Stickiness[J]. Accounting Department University of Cologne, 2008.

[110] CHANDRA S, MARCIA L W.Additional Evidence on the Sticky Behavior of Costs[J]. Working Paper, 2003.

[111] CHENG S, INDJEJIKIAN R. Managerial Influence and CEO Performance Incentives, International Review of Law and Economies [J]. 2009, 29(2): 115-126.

[112] CHEN C X, LU H, SOUGIANNIS T. The Agency Problem, Corporate Governance and the Asymmetrical Behavior of Selling, General, and Administrative Costs [J]. Contemporary Accounting Research, 2012(29):252-282.

[113] CHIA Y L, CHANG T H. The Impact of Knowledge Stickiness on Knowledge Transfer Implementation, Internalization and Satisfaction for Multinational Corporations[J]. International Journal of Information Management, 2009(29): 425-435.

[114] CADMAN, BRIAN, MARY E C, et al.The Incentives of Compensation Consultants and CEO Pay[J]. Journal of Accounting and Economics, 2010(49):63-280.

[115] CHRISTIAN B. Investment Dynamics with Fixed Capital Adjustment Cost and Capital Market Imperfections [J]. Journal of Monetary Economics, 2006(53): 1909-1947.

[116] CIFTCI M, MASHRUWALA R, WEISS D. Implications of Cost Behavior for Analysts' Earnings Forecasts [J]. Journal of Management Accounting Research, 2016, 28(1):57-80.

[117] CLARA, CHEN X L, HAI L, et al. The Agency Problem, Corporate Governance, and the Asymmetrical Behavior of Selling, General, and Administrative Costs [J]. Contempory Accounting Research, 2012(1):252-282.

[118] DIERYNCK B, RENDERS A. Earnings Management Incentives and the Asymmetric Behavior of Labor Costs [J]. Annual Meeting of the American Accounting Association Working Ppaper, 2009.

[119] DAN W. Cost Behavior and Analysts' Earnings Forecasts [J]. The Accounting Review, 2009(85):1441-1471.

[120] ITAY K, DAN W.Do Earnings Targets and Managerial Incentives Affect Sticky Costs?[J].

Journal of Accounting Research,2013,51(1):201-224.

[121] JANAKIRAMAN S N.Discussion of the Information Content of the SG&A Ratio[J]. Management Accounting Research,2010(22):23-30.

[122] ITAY K, DAN W. Do Managers Deliberate Decisions Induce Sticky Costs?[J]. Working Paper,2010.

[123] MURPHY K J, TATIANA S. Executive Pay and "Independent" Compensation Consultants[J]. Journal of Accounting and Economics,2010(49):247-262.

[124] ERIC N, NAOMI S. The Accuracy of Proportional Cost Models: Evidence from Hospital Service Departments[J]. Review of Accounting Studies,1997(2): 89-114.

[125] FANG T, LIN C. Minimum Wages and Employment in China[J]. IZA Journal of Labor Policy,2015,4(1):22-51.

[126] GIUSEPPE B,RICARDO J C. Kinked Adjustment Costs and Aggregate Dynamics[J]. Macroeconomics Annual,1990:238-295.

[127] GUIDO P, BERNARD M H. Trade Adjustment Costs in Developing Countries: Impacts Determinants and Policy Responses [M]. The International Bank for Reconstruction and Development,2010.

[128] ITAY K, DAN W. Do Managers' Deliberate Decisions Induce Sticky Costs?[J]. Working Paper,2010.

[129] JENS O Z. SG&A Cost Stickiness and Executive Compensation: Does Empire Building Matter?[D]. Maastricht:Maastricht University,2009.

[130] JOSEPH F,MARION J,RALF P. Trade,Adjustment Costs Assistance[J]. The Labor Market Dynamics,2011(22):1-42.

[131] JOSE M V. Job and Worker Flows in High Adjustment Cost Settings [J]. Portuguese Economic Journal,2003(2):37-51.

[132] JOSEP M A B,JOSEP G B.Cost Stickiness Revisited: Empirical Application for Farms[J]. Working Paper,2007.

[133] KENJI Y, TAKEHISA K. Are "Sticky Costs" the Result of Deliberate Decision of Managers?[J]. Workingpaper,2011.

[134] KENNETH C,MICHAEL S,DYLAN C T. A Note on Cost Stickiness:Some International Comparisons[J]. Management Accounting Research,2006(17):127-140.

[135] KENNETH C,MICHAEL S,DYLAN C T. Further Evidence on the Sticky Behaviour of Costs[J]. Workingpaper,2005.

[136] LORAN B, LEIF M. A Note on Benefits and Costs of Adjusting Forestry to Meet Recreational Demands[J]. Journal of Forest Economics,2006(12):75-81.

[137] LEV B, THIAGARAJAN S R. Fundamental Information Analysis [J]. Journal of

Accounting Research,1993,31(2):195-215.

[138] LUCA F. A New Approach for Estimating and Testing the Linear Quadratic Adjustment Cost Model under Rational Expectations and Variables[J]. Journal of Economic Dynamics & Control,2002(26):117-139.

[139] LUCA F. Multi-equational Linear Quadratic Adjustment Cost Models with Rational Expectations and Cointegration[J]. Journal of Economic Dynamics & Control,2006 (30):445-456.

[140] MARCELA P, ELIANA W. Active Cost Management in Banks:Evidence of Sticky Costs in Argentina[D]. Brazil and Canada, SAS-York University and Instituto de Contabilidad,2010.

[141] MARCIA L,WEIDENMIER,CHANDRA S. Additional Evidence on the Sticky Behavior of Costs[D]. Texas: Texas Christian University,2003 .

[142] MARK A, RAJIV B, RONG H, et al. Cost Behavior and Fundamental Analysis of SG&A Cost[J]. Journal of Accounting,Auditing & Finance,2007(27):54-79.

[143] MARK C A,RAJIV D B,SURYA N J. Are Selling,General,and Administrative Costs "Sticky"?[J]. Journal of Accounting Research,2003,41(1):47-63.

[144] NOREEN E, SODERSTROM N. The Accuracy of Proportional Cost Models:Some International Comparisons[J]. Management Accounting Research, 1995, 17(1): 127-140.

[145] OTTEN J,HEUGENS P."Extending the Managerial Power Theory of Executive Pay: A Cross National Test" [J]. Working Paper,2007.

[146] OTAVIO R D M,PATRICIA D S C. Cost Stickiness in Brazilian Firms[J]. Working Paper,2004.

[147] RAJIV D B,DMITRI B,JOSE M ,et al. Demand Uncertainty and Cost Behavior[J]. Working Paper,2010.

[148] RAJIV D B,DMITRI B,JOSE M,et al. Sticky Cost Behavior:Theory and Evidence[J]. Working Paper,2011.

[149] RAJIV D B, DMITRI B, MUSTAFA C, et al. The Moderating Effect of Prior Sales Changes on Asymmetric Cost Behavior[J]. Journal of Management Accounting Research(forthcoming),2014(13):225-255.

[150] RAJIV D B,DMITRI B.Asymmetric Cost Behavior[J]. Working Paper,2014.

[151] RAJIV D B,CHEN L. Labor Market Characteristics and Cross-Country Differences in Cost Stickiness[C]. AAA 2007 Management Accounting Section(MAS) Meeting , 2006.

[152] RAJIV D B,CHEN L.Predicting Earnings Using a Model Based on Cost Variability and Cost Stickiness[J]. The Accounting Review,2006(81):285-307.

[153] RAJIV D B,GORDON P,ROGER G S.An Empirical Analysis of Manufacturing Overhead Cost Drivers[J]. Journal of Accounting,Auditing & Finance,1995(19):115-137.

[154] RAJIV D B,CHEN L. Predicting Earnings Using a Model Based on Cost Variability and Cost Stickiness[J]. The Accounting Review,2006,81(2):285-307.

[155] RAJIV D B,BYZALOV D,PLEHN-DUJOWICH J M. Demand Uncertainty and Cost Behavior[D]. Philadelphia:Temple University,2012.

[156] RAJIV D B,BYZALOV D,CIFTCI M,et al. The Moderating Effect of Prior Sales Changes on Asymmetric Cost Behavior[J]. Working Paper, Temple University, 2012.

[157] RAJIV D B,BYZALOV D,PLEHN-DUJOWICH J M.Sticky Cost Behavior:Theory and Evidence[J]. Workingpaper,2011.

[158] RAJIV D B,HUANG R,Ramachandran N.Equity Incentives and Long-term Value Created by SG&A Expenditure[J]. Contempory Accounting Research,2010.

[159] RAJIV D B, SUDIPTA B, DMITRI B, et al. Asymmetries in Cost - Volume - Profit Relation:Cost Stickiness and Conditional Conservatism[J]. Working Paper,2011.

[160] RAJIV D B, HOLLY H J. An Empirical Study of Cost Drivers in the U. S. Airline Industry[J]. The Accounting Review,1993(3):576-601.

[161] RAMJI B, THOMAS S G. Cost Stickiness and Core Competency: A Note [J]. Contemporary Accounting Research,2008,25(4):993-1006.

[162] RAMJI B,MICHAEL J P,NAOMI S. Soderstrom. Does Capacity Utilization Affect the "Stickiness" of cost[J]. Journal of Accounting,Auditing & Finance,2004,19(3): 283-299.

[163] RAMJI B,NAOMI S S. Cross-Sectional Variation in Cost Stickiness Reaction[D]. Lowa University and Colorado University,2008.

[164] RAMJI B, EVA L, NAOMI S. Cost Structure and Sticky Costs [J]. Journal of Management Accounting Research,Forthcoming,2011(3):96-126.

[165] ROBERT E H.Industry Dynamics with Adjustment Costs[J]. Nber Working Paper Series,2002.

[166] SHANNON W A, CLARA X L, CHEN S. Mark Young. Sticky Cost as Competitive Response:Evidence on Strategic Cost Management at Southwest Airlines[J]. Rice University,2005.

[167] SHANNON W A,WILLIAM N L. Understanding Cost Management:What Can We Learn from the Empirical Evidence on "Sticky Costs"?[J]. Workingpaper,2009.

[168] STEPHEN B, MANS S. Adjustment Costs and the Identification of Cobb Douglas Production Functions[D]. Oxford:University of Oxford,2005.

[169] STEVEN,JENNY T,TAKASHI S. Selling,General,and Administrative Cost Behavior

and its Changes in Japan[J]. Global Journal of Business Research, 2010(4):
4-15.

[170] ADRIAN W K, Cheung C, John K C. Insider Ownership and Corporate Performance:
Evidence from the Adjustment Cost Approach[J]. Journal of Corporate Finance,
2006(12):906-925.

索 引

代理问题—5-7，9-11，14，19，28-31，34-37，50，51，54-59，68，72，75，76，85，86，90，100，101，105

会计稳健性—71，76，77，85

宏观货币政策—7，49，50，52，70-86

市场化指数—7，86-91，93，94，96，97，99-106

持有现金水平—85

管理层自利—9，29，54，55，56，58，76，90

管理层预期—5，11，19，25-28，32，34，36，37，50，51，72，93，100，105

管理费用黏性—7，90，91，101，105，106

调整成本—3-5，7，8，11，14，16，19-28，32，34，36，37，50，51，58，72，77，85，86，88，89，93，104，105

费用黏性—3-11，13-20，23-37，38，50-62，64-70，72-74，76-95，99-106